Ewald Matthes

Die Unsterblichkeitslehre des Benedictus Spinoza

Ewald Matthes

Die Unsterblichkeitslehre des Benedictus Spinoza

ISBN/EAN: 9783743377554

Hergestellt in Europa, USA, Kanada, Australien, Japan

Cover: Foto ©Thomas Meinert / pixelio.de

Manufactured and distributed by brebook publishing software (www.brebook.com)

Ewald Matthes

Die Unsterblichkeitslehre des Benedictus Spinoza

Die Unsterblichkeitslehre
des
Benedictus Spinoza.

Inaugural-Dissertation

zur

Erlangung der Doktorwürde

bei der hohen philosophischen Fakultät

der Ruprecht-Karls-Universität zu Heidelberg

vorgelegt von

Ewald Matthes

aus

Farnroda.

Heidelberg.
Universitäts-Buchdruckerei von J. Hörning.
1892.

INHALT.

	pag.
I. Einleitung	1—6
II. Geschichtlicher Ueberblick	6—9
III. Das System Spinoza's	10—19
1. Spinoza's Lehre von Gott	10—18
2. Spinoza's Lehre von den Attributen	18—19
IV. Die Lehre Spinoza's vom Menschen, seinem Wesen und seiner Unsterblichkeit	19—63
a) tractatus brevis	21—30
b) appendix	30—31
c) epistolae	31—37
d) ethica	37—63
V. Schluss	63

I.

Am 21. März 1693 schrieb Malebranche in einem Briefe über die Unsterblichkeit der Seele folgendes an einen Herrn von Torssac: [1])
„Mein Herr! Ich verdiene keineswegs die Liebenswürdigkeit, mit welcher Sie mich in Ihrem Briefe behandeln und ich betrachte dieselbe nur als Zeichen Ihrer Höflichkeit und Ihrer Güte mir gegenüber. Ich halte mich durchaus nicht für fähig, andere zu belehren und vorzüglich einen so hochgebildeten Mann, als welchen ich Sie in Ihrem Briefe habe kennen lernen. Aber ich will gern Ihrem Urtheil unterstellen, was ich über die von Ihnen mir proponirte Frage denke.

Da der Uebergang aus dem Nichts zum Sein für den menschlichen Geist unbegreiflich ist, so hat man den Philosophen die Unsterblichkeit der Seele hinreichend dargethan, wenn man bewiesen hat, dass die Seele eine vom Körper unterschiedene Substanz ist; denn natürlich können nur die Weisen der Dinge untergehen. Aber sobald man einmal als Glaubenswahrheit anerkannt hat, dass die Welt aus dem Nichts geschaffen ist, muss man daraus auch schliessen, dass die Substanzen wieder in dasselbe zurückkehren können. Und das ist vollkommen richtig, denn nur Gott ist nothwendig unsterblich und unabhängig. Aber da man glaubt, dass die Welt durch den Willen Gottes aus Nichts geschaffen worden ist, so muss man auch glauben, dass die Seele unsterblich ist, weil Gott uns darüber seinen Willen geoffenbart hat.

Da alles von Gott abhängt und die Welt keineswegs eine nothwendige Emanation aus der Gottheit ist, kann man freilich keinen mathematischen Beweis dafür geben, dass sie ewig bestehen wird,

---

1) siehe Vict. Cousin: fragments philosophiques ed 4ème III 65 ff.

denn die willkürlichen Wirkungen haben mit ihren Ursachen keine nothwendige Verbindung („keinen solchen Causalzusammenhang") wie die Wahrheiten mit ihren Prinzipien. Die Welt hängt vom Willen Gottes ab: nur von Gott kann man daher erfahren, ob er will, dass sie ewig dauert. Er hat es uns geoffenbart; wir müssen also damit zufrieden sein.[1])

Will man der Offenbarung aber nicht glauben, so halte man sich an die Vernunft und diese findet den Uebergang aus dem Sein zum Nichts völlig unbegreiflich. Daher, von welcher Seite auch man diese Frage betrachten mag, man findet sie gelöst.

Aber wenn man auch die Unsterblichkeit der Seele, oder dass Gott niemals aufhören wird zu wollen, dass die Seelen fortdauern, nicht in aller Strenge demonstriren kann, so kann man doch gute

---

[1]) Der Sinn dieser Ausführungen ist der: Die Unsterblichkeit der Seele ist aus der Substantialität und aus der Unmöglichkeit der Vernichtung bewiesen worden. Wenn aber Gott die Substanzen aus Nichts geschaffen hat, so kann er sie natürlich auch wieder in Nichts zurückkehren lassen. Desshalb ist die Unsterblichkeit vielmehr aus der Macht und dem Willen Gottes zu rechtfertigen. Da aber ist freilich keine mathematische Gewissheit möglich. — Uebrigens lautet der französische Text also: .. „Puisque le passage du néant à l'être est incomprehensible à l'ésprit humain, on a suffisament démontré l'immortalité de l'âme aux philosophes, lorsqu'on a prouvé que l'âme est une substance distinguée du corps; car naturellement il n'y a que les manières des êtres qui périssent. Mais lorsqu'on vient à reconnoitre par la foi que le monde a été tiré du néant, on en doit conclure que les substances y peuvent rentrer. Et cela aussi très vrai, car il n'y a que Dieu qui soit nécessairement immortel et indépendant. Mais puis qu'on croit que le monde a été créé de rien par la volonté de Dieu, à cause que cette volonté nous a été révélée, il faut croire aussi que l'âme est immortelle parce que Dieu nous a révélé sur cela sa volonté, Puisque tout dépend de Dieu et que le monde n'est point une émanation nécessaire de la Divinité, on ne peut donner de démonstration mathématique qu'il subsistera éternellement; car les effets arbitraires n'ont pas avec leurs causes une liaison nécessaire comme les vérités avec leurs principes. Le monde dépend de la volonté de Dieu: il n'y a donc que Dieu dont on puisse savoir s'il veut qu'il dure éternellement. Il nous l'a révélé; nous devons donc sur cela être contents. Que si on ne veut pas croire la révélation, qu'on se tienne donc à la raison qui trouve le passage de l'être au néant tout à fait incompréhensible. Ainsi, de quelque côté qu'on considère cette question, on la trouve résolue. Mais quoi qu'on ne puisse démontrer en rigueur l'immortalité de l'âme ou que Dieu ne cessera jamais de vouloir que les âmes subsistent, on peut en donner de bonnes preuves. En voici quelques-unes qui me sont venues dans l'ésprit. Vous en trouverez apparemment encore de meilleures.

Beweisgründe dafür geben. Ich füge einige bei, die mir in den Sinn gekommen sind. Sie werden gewiss noch bessere finden.

Gott ist gerecht, und die guten Menschen sind unglücklicher in dieser Welt als die schlechten. Wir müssen daher über den Tod hinaus fortdauern, damit jeder nach seinen Werken empfange. Ja, werden Sie sagen, das wird vielleicht zwanzig oder dreissig Jahre dauern und dann wird Gott uns vernichten. Ich antworte: Gott handelt immer als Gott, und soll er als Gott uns belohnen oder bestrafen, müssen wir ewig sein. Denn wir sind endlich und können eine unendliche Belohnung, würdig der Erhabenheit und unendlichen Freigebigkeit Gottes nur durch die unbegrenzte Dauer unseres Glückes empfangen.

Gott kann uns nur für sich geschaffen haben, z. B. um ihn zu erkennen. Nun ist unser Geist endlich, Gott unendlich. Wir müssen also ewig dauern, um die göttlichen Vollkommenheiten zu schauen. Denn ein endlicher Geist braucht eine unendliche Zeit, um ein unendliches Wesen wahrzunehmen.

Die Handlungsweise Gottes muss den Character seiner Eigenschaften haben, denn Gott kann nur so handeln, wie er ist. Die Richtschnur seines Wollens liegt in seinem eigenen Wesen; sie besteht in der unwandelbaren Ordnung seiner Vollkommenheiten. Nun ist Gott weise und allwissend, er ist unwandelbar und beharrlich.

Dieu est juste, et les gens de bien sont plus malheureux en ce monde que les méchants. Donc il faut que nous subsistions après la mort afin que chacun reçoive selon ses oeuvres. Oui, direz-vous, mais ce sera peut-être pour vingt ou trente ans, après quoi Dieu nous anéantira. Je répons que Dieu agit toujours en Dieu, et qu'afin de récompenser et de punir en Dieu il faut que nous soyons éternellement. Car nous sommes finis et nous ne pouvons recevoire une récompense infinie, digne de la grandeur et de la liberalité infinie de Dieu, que par la durée infinie de notre bonheur.

Dieu ne peut nous avoir faits que pour lui, pour le connaitre par exemple. Or notre ésprit est fini et Dieu est infini. Il faut donc que nous subsistions éternellement pour contempler les perfections divines; car à un ésprit fini il faut un temps infini pour voir un être infini.

La conduite de Dieu doit porter le caractère de ses attributs; car Dieu ne peut agir que selon ce qu'il est. La règle de ses volontés est dans sa propre substance; c'est l'ordre immuable de ses perfections. Or Dieu est sage et prévoit tout, il est immuable et constant; mais si nous n'étions que pour un temps, sa conduite porterait moins le caractère de son immuabilité et de sa prévoyance

Wenn wir aber vergänglich wären, würde sein Verhalten weniger den Character seiner Unveränderlichkeit und Allwissenheit tragen, als wenn wir immerfort sind. Daher u. s. w.

Endlich entdecke ich von Seiten Gottes und seiner Eigenschaften, welche seine Norm oder sein unverletzbares Gesetz bilden, nichts, was ihn bewegen könnte, unsere Vergänglichkeit zu wollen, denn man darf Gott nicht nach uns selber beurtheilen. Wir finden in uns Beweggründe zum Wollen, welche man in Gott nicht findet. Unser Wille richtet sich nach dem was wir sind, der Wille Gottes nach dem, was er ist. Um die Wirkungen und die Führung eines Agens zu entdecken, muss man die Idee dieses Agens und nicht sich selber erforschen; denn natürlich humanisiren wir sozusagen alle Ursachen, beurtheilen sie nach uns selbst. Aber die entscheidende Lösung dieser Schwierigkeit ergiebt sich aus dem, was der wahre Plan Gottes ist, nämlich der Incarnation seines Sohnes. Denn die Welt, verglichen mit Gott, ist nichts ohne Jesus Christus. Gott hat sie also nur in der Absicht schaffen können, um sie durch Jesus Christus zu heiligen und seiner unendlichen Majestät würdig zu machen. Aber Gott findet, dass die Kirche Christi eine solche Beziehung zu seiner Göttlichkeit hat, dass er sein Wohlgefallen an ihr hat; und wenn er sein

que si nous sommes pour toujours. Donc, etc. Enfin du côté de Dieu et de ses attributs, qui sont sa règle et sa loi inviolable, je ne découvre rien qui le puisse pousser à vouloir que nous soyons pour un temps, car il ne faut pas juger de Dieu par nous-mêmes. Nous trouvons en nous des raisons de vouloir qu'on ne trouve pas en Dieu. Nous voulons selon ce que nous sommes, et Dieu selon ce qu'il est. Pour découvrir les effets ou la conduite d'un agent, il faut consulter l'idée de cet agent et non pas nous consulter nous-mêmes; car naturellement nous humanisons, pour ainsi dire, toutes les causes, nous en jugeons par nous-mêmes. Mais le grand dénouement de la difficulté se tire de ce que le véritable dessein de Dieu, c'est l'incarnation de son fils. Car le monde comparé à Dieu n'est rien sans Jésus-Christ. Dieu n'a donc pu le vouloir créer qu'à cause que Jésus-Christ le sanctifie et le rend digne de sa majesté infinie. Mais Dieu trouve que l'Église de Jésus-Christ a un tel rapport avec sa divinité, qu'il s'y complait; et s'il s'y complait, il ne cessera jamais d'aimer cette Église; mais Dieu étant infini il conte le monde par rapport à lui, et il ne peut s'y complaire.

Tout cela, Monsieur, demanderoit plus de discours que ne le permet une lettre, et j'en ai parlé amplement dans les ouvrages que je crois que vous avez lus, comme dans les Entretiens sur la Metaphysique, neuvième et dernier entretien, et ailleurs."

Wohlgefallen an ihr hat, wird er niemals aufhören, diese Kirche zu lieben; aber die Welt zählt der unendliche Gott nach der Beziehung zu sich und kann nicht sein Wohlgefallen an ihr haben.

Alles dies, mein Herr, würde weitläufigere Auseinandersetzungen fordern, als ein Brief sie gestattet und ich habe davon in den Werken ausführlicher gesprochen, welche Sie, glaube ich, gelesen haben, nämlich in den Unterhaltungen über die Metaphysik, neunte und letzte Unterhaltung u. a. O."

Der Herausgeber dieses Briefes, Vict. Cousin, bemerkt bei dieser Gelegenheit einleitend: Malebranche est avec Spinoza le plus grand disciple de Descartes. C'est à la lettre Spinoza chrétien".

Man wird unschwer die Berechtigung dieses Paradoxons erkennen, welches Cousin selber so begründet: voir tout en Dieu et considérer Dieu comme la cause première de tous nos mouvements, ou bien prendre Dieu comme le seul et unique être véritable, dont tous les autres êtres ne sont que des accidents, n'est ce pas au fond à peu près la même chose, et sinon la même doctrine, du moins le même éprit?"

Das ist in der That das gemeinschaftliche, innerhalb des cartesianischen Dualismus monistische Princip, auf welchem auch Spinozas System ruht und welches in seiner Consequenz diesen zum unbedingten Naturalismus führte, führen musste, welches aber das Mitglied des Oratoriums Jesu unbefangen mit dem Augustinismus zu verbinden vermochte. In jenem Vertheidigungsschreiben der Unsterblichkeit der Seele tritt dieser in Malebranche geeinte Gegensatz zwischen Christenthum und Spinozismus, zwischen göttlicher, schöpferisch und aus grundloser Willkür handelnder Freiheit und durch unverrückbare Gesetze bestimmter Nothwendigkeit, zwischen theologischer und naturalistischer Fassung des Gottesbegriffs scharf hervor. Man vergleiche nur seine ersten allgemeinen Ausführungen über die Unabhängigkeit des göttlichen Willens, der die Welt aus dem Nichts erschaffen hat und aus dessen Wesen die Welt keineswegs mit Nothwendigkeit hervorgeht, diese par la foi ihm feststehenden Wahrheiten mit dem Beweis, welchen Malebranche's Philosophie ihn als einen guten darlegen lässt und in welchem er Gottes Handlungen durchaus abhängig erklärt von Gottes Wesen, das unveränderlich und unwandelbar sei und das man nicht nach menschlicher Analogie ververstehen dürfe. Mit diesem philosophischen Beweis verbindet Malebranche als Hauptbeweise die spezifisch christlichen aus der göttlichen Offenbarung und besonders der Incarnation Jesu Christi, welche Bedeutung und Zweck der Welt sei.

Philosophische, ethische und religiöse Gründe also sind es, welche den „christlichen Spinoza" für die Unsterblichkeitslehre, und zwar die persönliche, eintreten lassen. Wir sehen aber, die entscheidenden Vertheidigungswaffen reicht ihm die christliche Theologie, während die der eigenen, rein philosophischen Rüstkammer entnommenen Malebranche selber als erst in zweiter Linie gültig erschienen, vom Kritiker aber als völlig unzureichend bezeichnet werden müssen.

Es dürfte wichtig genug sein, den Anschauungen des „christlichen Spinoza" über die Unsterblichkeit der Seele gegenüber die des geschichtlichen Spinoza zu erkunden und darzulegen. Wird wohl auch dieser die Unsterblichkeit lehren? Und wenn dies, in welcher Form? Als individuelle? Als unpersönliche? Oder wird an dem grossen Einsamen, dem von allen traditionellen Glaubensanschauungen einer Religion unabhängigen, durchdringenden Denker die Wahrheit der Erkenntnis eines Pomponazzi sich erweisen: die menschliche Unsterblichkeit kann nur geglaubt, nicht bewiesen werden, ihre Annahme und die Philosophie widerstreiten einander?

Versuchen wir im Folgenden Klarheit über dieses Thema zu verschaffen!

II.

In dem Entwicklungsgang der durch René Descartes begründeten rationalistischen Richtung der dogmatischen Periode der neuern Philosophie kann man „das isolirte System"[1]) Spinozas doch als die Mittelstufe bezeichnen auf dem Wege von Descartes zu Leibniz. Von der dogmatischen Voraussetzung einer völligen Erkennbarkeit der Welt mittelst der Vernunft, speciell des Denkens, ausgehend, unterscheidet

---

1) Vgl. Kuno Fischer: Descartes u. seine Schule II. Th. p. 91 f.

Descartes, wie es ja in der Natur keine grössere Kluft als die zwischen bewussten und unbewussten Dingen giebt, scharf zwischen Gott und Welt, Geist und Körper, Mensch und Thier. Gott ist ihm die eine, ewige, Geist und Körper die beiden endlichen Substanzen. Die geistige Substanz hat zu ihrem Attribut das Denken, die körperliche die Ausdehnung. Alles Geistige in der Welt gehört jener an — und nur jener —, alles Körperliche dieser, der ausgedehnten Substanz.

Auf diesen Principien baut er seine Philosophie auf. Aber der Irrthum, den er selbst nicht zu durchschauen vermochte, konnte doch den Jüngern nicht verborgen bleiben. Denn dem nicht von vornherein von diesem Ideengang gebannten Denken musste alsbald einleuchten, dass, wenn eine solche Kluft zwischen ausgedehnter und denkender Substanz, ja zwischen Gott und Welt bestehe, doch nur die eine von beiden, also, nach der ganzen Anschauungsweise der durchaus kirchlich, ja augustinisch, gesinnten Vertreter dieses Rationalismus, Gott, wahrhaft wirksam sein könne. So wird der cartesianische Dualimus zum Occasionalismus, von Arnold Geulinx nach der Seite der Willensthätigkeit und Sittenlehre, von Malebranche nach der der Erkenntniss ausgebildet. Geulinx zeigt, dass bei Voraussetzung des Dualismus zwischen Geist und Körper das eine unmöglich auf das andere unmittelbaren Einfluss ausüben kann („impossibile est ut is faciat, qui nescit quomodo fiat"), sondern zwischen beiden vermittle Gott, indem er bei Veranlassung oder Gelegenheit meines Willens den Körper bewege, bei Gelegenheit einer körperlichen Affection die Vorstellung in meiner Seele hervorbringe.

Den nächsten Schritt in diesem Denkprozess thut Malebranche. Das ist ja überhaupt das so überaus Anziehende dieser Periode — und K. Fischer hat es in seiner Geschichte der neueren Philosophie in glänzendster Weise zur Darstellung gebracht —, dass in ihr in dem Gang der philosophischen Gedanken eine Folgerichtigkeit stattfindet, wie sie uns so vollendet nur in der Entwicklung der griechischen Philosophie begegnet. Jedes bedeutsame Glied der grossen Gedankenkette findet seinen Vertreter, in dem es voll und ganz sich verkörpert und auslebt.

Der Dualismus Descartes' schliesst nicht bloss einen Willenseinfluss vom Geist auf den Körper und umgekehrt aus, er macht auch die unmittelbare Erkenntniss der Dinge unmöglich. Denn die körperlichen Dinge bilden eine Welt für sich, und der Geist ebenso. Wie ist da Erkenntniss möglich? Das ist die Frage, welche Malebranche aufwirft und gelöst zu haben meint vermittelst des Augustinismus und der platonischen Ideenlehre durch die Formel: „nous voyons toutes choses en Dieu". „Gott ist durch seine Gegenwart so eng mit unseren Seelen vereinigt, dass man sagen kann, er ist der Ort der Geister, ganz ebenso, wie der Raum der Ort der Körper. Gott ist die intelligible Welt oder der Ort der Geister, wie die materielle Welt der Ort der Körper." [1])

Die Klippe, an welcher das System Malebranche's gescheitert ist, ist die von ihm gemachte Unterscheidung zwischen intelligibler und materieller Ausdehnung, eine Unterscheidung, deren Grundlosigkeit und Willkürlichkeit ihm selbst zwar, als in diesem Gedankenkreis befangen, verborgen blieb, aber schon seinen Schüler de Mairan im Spinozismus die Consequenz der Lehre Malebranche's fürchten liess.

Und so ist es in der That. Und geradezu ergreifend berührt uns das Schicksal der rastlosen Gedankenarbeit dieser Männer, zumal des so streng kirchlich gesinnten Malebranche. Während man im cartesianischen Lager der Kirche treu bleiben, dem Augustinismus und der theologischen Weltbetrachtung huldigen will, strebt man geradewegs dem Naturalismus zu. Die immer grössere Verschärfung des cartesianischen Dualismus, von Malebranche insbesondere mit der Absicht soli Deo gloria durchgeführt, ist in Wirklichkeit Verherrlichung der Natur. Denn ihre Kräfte sind es, die man Gott nur zuschreibt, und in dem Masse, wie sie unwirksam und Gott allein wirksam gesetzt wird, werden beide einander genähert, das eine dem andern unentbehrlich, im andern aufgehend gemacht.

Und das eben ist der Schritt, den Spinoza thut. Ungehemmt durch kirchlich-religiöse Bande, kein Christ, ein verstossener Jude, ist er im Stande nach dieser Seite hin umbildend die volle Consequenz zu ziehen des cartesianischen Dualismus. Sie lautet: Zwei endliche Substanzen giebt es nach Descartes ausser Gott: Geist und Körper. Da nun Gott allein wirksam, die natürlichen Dinge aber

---

1) Rech. Liv. III, Part II, ch. 6.

ohnmächtig sind, Substanz aber nur das ist, was zu seiner Existenz keines andern bedarf, sondern ewig und unendlich ist, so kann es nur eine Substanz geben: Gott. Die natürlichen Dinge aber sind nichts für sich und durch sich, sondern Wirkungen der göttlichen Macht. „Sind sie aber nicht mehr selbständige Wesen, so sind sie als solche auch nicht entgegengesetzter Natur; giebt es in der Welt überhaupt keine Substanzen, so giebt es auch keine entgegengesetzten: mit der Substanzialität der natürlichen Dinge fällt daher der Dualismus der Geister und Körper. An die Stelle der zwiespältigen Natur der Dinge tritt der Begriff ihres einheitlichen Zusammenhangs, an die Stelle des Dualismus der Monismus." [1]

Insofern nun alle Dinge Wirkungen dieser einen Substanz sind, nicht als von Gott aus dem Nichts geschaffene Creaturen, sondern als seine Modificationen, als Wesensäusserungen Gottes und somit Glieder seines Leibes, mit ihm die Einheit bildend, erscheint der Monismus zugleich als Pantheismus, die Natureinheit zugleich als Welteinheit.

Und insofern endlich die Dinge nicht gewollte oder beabsichtigte, sondern wesensnothwendige Modificationen der Natur oder Gottes sind, aus ihm hervorgehend, lediglich nach dem Gesetz der Causalität, als der einzig wahrhaft wirksamen Ursache, erscheint der Monismus und Pantheismus Spinoza's im Gegensatz zu jeder irgendwie teleologischen Weltbetrachtungsweise als absoluter Naturalismus.

Wir haben diese Allgemeinbemerkungen der leichteren Uebersicht wegen hier vorausgenommen.

Beachte man besonders dieses dritte, dass das System Spinoza's die Ausprägung des unbedingten Naturalismus ist, also nur Ursachen, aber durchaus keine Zwecke kennt, es wird das zur Beantwortung der Unsterblichkeitsfrage offenbar von Bedeutung sein. Doch nun zunächst eine kurze Darlegung der für unser Thema wichtigen Hauptpunkte der Lehre Spinoza's.

---

[1] K. Fischer: a. a. O. p. 87.

III.

Ob Spinoza wohl zuweilen, wenn sinnend er dem Treiben einer Spinne zuschaute, geahnt haben mag, dass sein Schicksal dem jenes Thierchens gleiche: isolirt in eigenem wunderbar fein gefertigtem Netze? Gewiss nicht. Denn auch ihm war ja mit der schweren Lebensaufgabe zugleich die versöhnende Blindheit zu Theil geworden, die, nicht erkennend die uns bedingenden und fesselnden Bande der Endlichkeit, der Zeit, des Raumes und der Individualität, ihn in sicherer Ueberzeugung schreiben liess: „ich mache nicht die Voraussetzung, dass ich die beste Philosophie gefunden habe, sondern ich weiss, dass ich die wahre erkenne". Und wie eng verknüpft sich doch auch in Spinoza's System Glied mit Glied! Mit welch' logischer Consequenz ergiebt sich aus den einmal aufgestellten Principien eine Folgerung aus der andern! Endlich die geometrische Weise, die jede Behauptung umständlich und bis in's Kleinste verfolgt und nachweist!

Die providentielle Aufgabe Spinoza's war: den reinen und unbedingten Naturalismus durchzuführen; die er sich selbst gestellt hatte: die Ordnung der Dinge aus ihrer ewigen Ursache als eine nothwendige Folge von Ursachen und Wirkungen zu begreifen, d. h. aus dem Wesen Gottes als dem Urgrund abzuleiten.

Darum wird zunächst, wie Spinoza selbst in seiner Ethik es gethan, der Begriff Gottes festzustellen sein.

1. Gott.

Per Deum intelligo ens absolute infinitum, hoc est substantiam constantem infinitis attributis quorum unumquodque aeternam et infinitam essentiam exprimit (Eth. I, Def. VI) schreibt Spinoza in der sechsten der seine Ethik einleitenden Definitionen. Gott ist also das unbedingt unendliche Wesen. Als solches ist er die Substanz, ausser welcher es keine andere Substanz giebt. Denn gäbe es mehrere Unendliche, so würden sie sich gegenseitig beschränken, also ihre Unendlichkeit aufheben. Darum gilt: quidquid est in Deo est, et nihil sine Deo esse neque concipi potest (Eth. I, Prop. XV).

Fragen wir sogleich genauer: in welchem Verhältniss steht Gott oder die Substanz zu den Dingen? Spinoza antwortet, „omnia quae sunt, vel in se, vel in alio sunt" (Ax. I). Was in sich ist, aber ist nach Def. II Substanz, was in Anderem ist nach Def. V substantiae affectio oder modus. Es giebt nur eine Substanz, nämlich Gott, also sind die Dinge in Gott als dessen modi: „res particulares nihil sunt nisi modi, quibus Dei attributa determinato modo exprimuntur."

Welches ist nun die Bedeutung dieses Begriffs des Modus? Erläutern wir der Kürze halber dies hier im Voraus. Das deutlichste Bild ist: Die Modi verhalten sich zu der Substanz und ihren Attributen wie die einzelnen Figuren zum Raume. Sonach sind sie deren endliche Besonderungen, Beschaffenheiten, welche der Substanz nicht nothwendig zukommen, daher auch Modificationen oder Accidenzen oder, als $\pi\acute{\alpha}\vartheta\eta$ der $o\dot{v}\sigma\acute{\iota}\alpha$, Affectionen genannt, in Lebensart und Lebensdauer völlig bedingt (causati), vergängliche Wirkungen der ewigen Ursache. Unter sich zusammen eine endlose Kette bildend sind die Einzelnen certi et determinati.

Damit ist zugleich ein Weiteres bezüglich Gottes ausgesprochen. Gott ist als die eine und einzige Substanz für Spinoza nicht bloss der allgemeine Ort der Dinge, er ist auch wirksam, die absolute Ursache. Denn aus seinem Wesen folgen die Dinge. Und da es ausser ihm keine Substanz giebt und die Dinge nur aus ihm folgen, so ist er die absolut erste Ursache (Prop. XVI, Cor. III.)

In welcher Weise vollzieht sich die Wirkung dieser göttlichen Ursächlichkeit? Zwei Möglichkeiten sind denkbar. Gott könnte wirken als causa transiens d. h. als übergehende, von aussen einwirkende Ursache. Aber dann würden die Dinge ausserhalb Gottes sein. Nun sind aber die Dinge in Gott, also sind seine Wirkungen innerliche, Gott daher omnium rerum causa immanens, non vero transiens (I Prop. XVIII.)

Diese Erklärung der unbedingten Immanenz Gottes ist von Wichtigkeit, denn damit wird die Vorstellungsweise des Monotheismus, welche auf der Jenseitigkeit Gottes gegenüber der Welt beruht, aufgehoben. Zu sagen, der unendliche Gott sei ausser der Welt, erscheint nach K. Fischers erleuchtendem Worte Spinoza so ungereimt wie die Behauptung, der unendliche Raum sei ausserhalb der Figuren; und ausdrücklich verwirft er mit besonderer Beziehung auf die christliche Anschauung diese Meinung in einem Briefe an Oldenburg: — — dico me de Deo et natura sententiam fovere longe diversam ab ea, quam neoterici Christiani defendere solent. Deum enim rerum omnium causam immanentem, ut aiunt, non vero transeuntem statuo (Ep. XXI).

Man könnte fragen: warum wirkt Gott die Dinge? Offenbar nicht aus fremdem Antrieb, denn er ist ja die absolut erste Ursache und ausser ihm giebt es nichts. Also wirkt er lediglich aus eigenem Antrieb, allein sich, seinem Wesen gemäss d. h. frei. Denn nach Spinoza ist frei ea res, quae ex sola suae naturae necessitate existit et a se sola ad agendum determinatur.

Diese Freiheit aber darf ja nicht mit Willkür verwechselt werden. Vielmehr hat auch sie ihre Schranken, ihre Bedingtheit: an der Art der eigenen Natur des freien Wesens, an deren Nothwendigkeit. Es ist das wie ein Paradoxon, doch ein nur scheinbares. Es löst sich sobald wir der obigen Definition des Freiheitsbegriffes die der Nothwendigkeit hinzufügen: „necessaria autem vel potius coacta, (ea res dicetur) quae ab alio determinatur ad existendum et operandum certa ac determinata ratione" (Eth. I, Def. VII). Sonach wirkt Gott als die aus seinem Wesen nothwendige, Anderem gegenüber freie Ursache aller Dinge (Eth. I, Prop. XVII, Cor. II.)

Zuvor ist ausgeführt worden, dass die Dinge Wesens nothwendige Folgen Gottes sind. Doch auch der Begriff der Folge hat bei Spinoza seine eigenthümliche Ausprägung.

Die Dinge folgen aus Gott nicht etwa als dessen Emanationen, auch nicht als seine Creaturen, so dass Gott ihre Schöpfung nach seinem Belieben bewirken oder unterlassen könnte. Das ist, obwohl von Vielen vertreten, doch ein Irrthum (Eth. I, Prop. XVII Schol.). Der Begriff der Folge ist mathematisch, darum nicht als zeitlich, sondern als ewig zu verstehen. So wenig Gott bewirken kann, dass aus der Natur eines Dreiecks nicht folgt, dass dessen drei Winkel zweien Rechten gleich sind, oder dass aus einer gegebenen

Ursache eine andersartige Wirkung folgt, so wenig hat er willkürliche Macht über die Entstehung und Art der Dinge. „Verum ego me satis clare ostendisse puto a summa Dei potentia sive infinita natura infinita infinitis modis, hoc est, omnia necessario effluxisse, vel semper eadem necessitate sequi; eodem modo ac ex natura trianguli ab aeterno et in aeternum sequitur ejus tres angulos aequari duobus rectis. Quare Dei omnipotentia actu ab aeterno fuit et in aeternum in eadem actualitate manebit" (Eth. 1. Prop. XVII Schol.). Mit dieser Bestimmung glaubt Spinoza die Allmacht und Activität Gottes gesteigert, ja allein würdig gefasst zu haben, da er nun nicht bloss einmal die Welt erschaffen habe, sondern ewig in derselben Wirksamkeit verharre.

Man wird sich doch nicht verhehlen können, dass Spinoza damit eher das Gegentheil von dem erreicht, was er beabsichtigt hat: statt des ewigen Lebens und Schaffens Gottes schauen wir das ewige Sein, statt der Entwicklung den ewig in sich vollendeten und gleichen Stillstand.

Noch schärfer tritt dies hervor bei den in demselben Scholion enthaltenen Ausführungen über den Gott gewöhnlich zugeschriebenen Verstand und Willen. Wenn man von Verstand und Wille in Gottes Wesen reden wolle, so dürfe man sich diese keineswegs nach menschlicher Analogie denken. Verstand und Wille als Wesenseigenthümlichkeiten Gottes hätten mit unserm Verstand nichts gemein als den Namen, verhielten sich zu diesen wie canis signum coeleste et canis animal latrans zu einander. In Prop. XXXI und XXXII kommt Spinoza hierauf zurück und zeigt, dass Verstand und Wille, mögen sie endlich oder unendlich sein, nicht zur wirkenden Natur d. h. zu Gott, soweit er als freie Ursache betrachtet wird, sondern zur bewirkten Natur gehören d. h. zu dem, was aus der Notwendigkeit der göttlichen Natur folgt, dass Wille und Verstand sich wie Bewegung und Ruhe zu dem Wesen Gottes verhalten

Damit ist die Unpersönlichkeit Gottes auf die schärfste Weise ausgesprochen, welche Spinoza zugleich aus dem principiellen Grunde statuirt, dass Gott als absolut unendliches Wesen zugleich ein absolut unbestimmtes sein müsse. Denn jede Bestimmtheit und Bestimmung seines Wesens wie z. B. die der Selbstheit oder der Persönlichkeit sei eine Schranke seines unendlichen Wesens.

Damit ist gleichzeitig die völlige Nichtigkeit des Zweckbegriffs erklärt. Denn jede Zweckthätigkeit hat Verstand und Willen zu ihrer Voraussetzung: Verstand als das Vermögen Zwecke zu denken und setzen, Willen als das Vermögen nach Zwecken zu handeln. Und noch einen andern Grund führt Spinoza gegen die teleologische Betrachtungsweise ins Feld: Prop. XXXIII, Schol. II schreibt er: „fateor, hanc opinionem, quae omnia indifferenti cuidam Dei voluntati subiicit et ab ipsius beneplacito omnia pendere statuit, minus a vero aberrare quam illorum, qui statuunt, Deum omnia sub ratione boni agere. Nam hi aliquid extra Deum videntur ponere, quod a Deo non dependet, ad quod Deus tanquam ad exemplar in operando attendit, vel ad quod tanquam ad certum scopum collimat. Quod profecto nihil aliud est, quam Deum fato subiicere, quo nihil de Deo absurdius statui potest, quem ostendimus tam omnium rerum essentiae, quam earum existentiae primam et unicam liberam causam esse".

Ist aber der Zweckbegriff ausgeschlossen, so kann die Natur weder als Schöpfungswerk, noch als eine auf den Menschen berechnete Ordnung der Dinge betrachtet werden, sondern nur als nach dem Gesetz der blosen Causalität wirksame Natur. Die absolute Ursächlichkeit aber bildet die Macht Gottes. Gott ist es, aus welchem mit freier Nothwendigkeit alle Dinge hervorgehen, aus dessen Wesen allein sie folgen als ihrer innern Daseins- und Wesensursache. So ist Gott gleich der wirkenden Natur, beide bilden eine Einheit, die Alleinheit.

Damit ist die rein naturalistische Fassung des Gottesbegriffs entschieden, dieser vollkommen naturalisirt.

Doch ist dabei eins hervorzuheben. In dem schon erwähnten einundzwanzigsten Brief schreibt Spinoza: „Wenn indess einzelne meinen, dass die theologisch-politische Abhandlung auf der Identität von Gott und Natur beruhe (wobei sie unter Natur eine Art Masse oder körperlichen Stoff verstehen), so sind sie gänzlich im Irrthum." Man wird fragen, wie diese Bemerkung sich mit der Formel Deus sive natura verträgt.

Es tritt eben hier die erwähnte Unterscheidung Spinoza's zwischen wirkender und bewirkter Natur in ihrer Bedeutung hervor. Proposition XXIX, Schol. II lesen wir: „Ehe ich weitergehe, will ich erklären oder vielmehr daran erinnern, was wir unter wirkender Natur (natura naturans) und unter bewirkter Natur (natura naturata) zu verstehen haben. Ich glaube, es ergiebt sich schon aus dem Bisherigen, dass wir unter ersterer das zu verstehen haben, was in sich und durch sich vorgestellt wird, oder solche Attribute der Substanz, welche deren ewige und unendliche Wesenheit ausdrücken, d. h. Gott soweit er als freie Ursache betrachtet wird. Unter bewirkter Natur (natura naturata) verstehe ich alles, was aus der Nothwendigkeit der göttlichen Natur oder irgend eines göttlichen Attributs folgt, d. h. alle Zustände der göttlichen Attribute, insofern sie als Dinge aufgefasst werden, welche in Gott sind und ohne Gott weder sein noch vorgestellt werden können."

Dieser Unterscheidung wird um vieles klarer werden nach der Darlegung der Attributenlehre Spinoza's. Doch bevor wir zu dieser übergehen, ist noch ein wichtiger Begriff, den wir bisher schon öfters erwähnten, hier zu erläutern: Spinoza's Begriff der Ewigkeit.

Tract. brev. II, Cap. V, 2 schreibt er: Einige Gegenstände sind vergänglich an sich selbst, andere unvergänglich durch ihre Ursache, doch ein dritter ist allein durch seine eigene Kraft und Vermögen ewig und unvergänglich. Die vergänglichen sind alle besonderen Dinge, die nicht von aller Zeit her gewesen sind, sondern einen Anfang genommen haben. Die anderen sind alle die allgemeinen Weisen, von denen wir gesagt haben, dass sie Ursachen seien der besonderen Weisen. Aber der dritte ist Gott, oder, was wir für ein und dasselbe nehmen, die Wahrheit."

Dazu Eth. I, Defin. VIII:[1]) „Unter Ewigkeit verstehe ich die Existenz selbst, sofern sie aus der blossen Definition der ewigen Sache als nothwendig folgend begriffen wird".

Und die Erläuterung: „talis enim existentia, ut aeterna veritas, sicut rei essentia concipitur, proptereaque per durationem aut tempus explicari non potest, tametsi duratio principio et fine carere concipiatur".

---

[1] „Per aeternitatem intelligo ipsam existentiam, quatenus ex sola rei aeternae definitione necessario sequi concipitur."

Wie aus Spinoza's Auffassung von Grund und Folge, so erkennt man auch in diesen, mit jener eng zusammenhängenden Darlegungen deutlich, dass Spinoza nicht bloss in der Form seine Lehre „more geometrico" behandelt hat, sondern dass mit dieser auch der Inhalt, Spinoza's ganzes System, einen wesentlich mathematischen Charakter erhalten hat und trägt. Wie die Mathematik von gewissen Voraussetzungen ausgeht, die ihr Grundwahrheiten und als solche durch sich selbst einleuchtend und keines Beweises bedürfend sind, so ruht Spinoza's Weltanschauung auf bestimmten dogmatischen Annahmen und Definitionen. Und wie die Kunst des Mathematikers darin besteht, aus jener ersten Wahrheit die übrigen Erkenntnisssätze ableitend zu gewinnen und in ihrer Folgerichtigkeit darzustellen, so erschien Spinoza, wie schon Descartes, als die ideale Aufgabe der wahren Philosophie, das Weltbild in seinem inneren causalen Zusammenhange zu entrollen, es denkend zu erkennen und deduktiv aus jenem dogmatischen Principe abzuleiten. Daher ist ihm die Welt nicht etwas, das entsteht, sondern etwas Gegebenes, Fertiges, Seiendes, genau wie die mathematischen Wahrheiten, wo z. B. aus dem Wesen des Dreiecks einfach naturgemäss, nothwendig, daher immerdar und ewig, nicht etwa aber in einem zeitlichen Verlaufe, es folgt, dass seine Winkel zweien Rechten gleich sind u. dgl. Und wie die einzelnen Sätze, welche der Mathematiker aus dem Wesen des Dreiecks ableitet, zu diesem sich verhalten als nothwendige und ewige Folgen, so ist das Weltall, die Folge der Substanz, des Urgrunds, an sich ein nothwendiges und ewiges Gebilde, die nothwendige und ewige Ordnung der Dinge, welche nur von dem Menschen in zeitlichen Folgerungen begriffen, daher als zeitlicher Fortschritt oder Entwicklung auflösend vermeint wird. Erst indem der Mensch die Dinge als eine ewige Folge aus dem Wesen Gottes begreift, hat er die wahre Erkenntniss, das Denken sub specie aeternitatis". [1])

Man sieht, mit der gewöhnlichen Anschauung von der Ewigkeit hat Spinoza's Ewigkeitsbegriff nichts gemein. Diese Grundvoraussetzung des persönlichen Unsterblichkeitsglaubens fehlt also im spinozistischen System.

---

1) Eth. V, Prop. XXIX u. XXX.

In der Erläuterung zu Def. VIII (pag. 15) unterschied Spinoza zwischen duratio aut tempus einerseits und aeternitas andererseits. Nun weiss man, dass auf die Schärfe dieser Unterscheidung in der Philosophie seit Kant ein Hauptgewicht für das richtige Verständniss unserer Unsterblichkeit gelegt wird. Denn je nach der klaren Unterscheidung zwischen ewigem Leben und endloser Fortdauer oder künftigem Leben und zwischen idealer oder realer Auffassung der Zeit und des Raumes wird man die Annahme der Unsterblichkeit der Seele vom philosophischen Standpunkt aus als vernünftig anerkennen oder als gegenstandslos verwerfen müssen.[1]) Es scheint desshalb erforderlich, auch über das Verhältniss von Zeit und Ewigkeit Spinoza's Ansicht festzustellen. In der Ethik spricht er sich hierüber nur gelegentlich aus.[2]) Ausführlicher sind die Abhandlungen im Anhang zur Darstellung der cartesianischen Principienlehre.[3]) Doch sehen wir von dieser Schrift, die wesentlich nur eine Darstellung der Lehre Descartes' sein will, wohl richtiger hier ab. Dagegen ist zu erwähnen der speciell diese Frage erleuchtende Brief XXIX vom 20. April 1663. Hier schreibt Spinoza: „Ex quo oritur differentia inter aeternitatem et durationem. Per durationem enim modorum tantum existentiam explicare possumus; substantiae vero per aeternitatem, hoc est, infinitam existendi sive [invita Latinitate] essendi fruitionem"...
„Ferner entsteht daraus, dass wir die Dauer und die Grösse beliebig bestimmen können, sofern wir diese abgetrennt von der Substanz und jene abgetrennt von dem Modus, wodurch sie von den ewigen Dingen fliesst, uns vorstellen, die Zeit und das Maass. Die Zeit dient der Bestimmung der Dauer und das Maass der Bestimmung der Grösse in der Weise, dass wir sie, soweit als möglich, uns leicht bildlich vorstellen können. Ferner entsteht daraus, dass wir die Affectionen der Substanz von dieser selbst trennen und auf Klassen zurückführen, um sie möglichst leicht bildlich auffassen zu können, die Zahl, wodurch wir sie bestimmen. Hieraus ist zu sehen, dass Maass, Zeit

---

1) vgl. namentlich K. Fischer: Kritik der kantischen Philosophie, p. 27 ff.
2) vgl. Eth. V, Prop. XXIX Dem., Prop. XXXIV, Schol. u. s.
3) s. Th. I Kp. 4 u. Th. II Kp. 1. Kapitel 12 redet Spinoza über die Unsterblichkeit der Seele. Diese sei aus den Naturgesetzen, „den durch das natürliche Licht offenbarten Beschlüssen Gottes", klar zu beweisen.

und Zahl nur Modi des Denkens¹) oder vielmehr des bildlichen Vorstellens sind."

2. Die Attribute.

Von vornherein leuchtet ein, dass es keine anderen Attribute für Spinoza geben kann, als solche Gottes. Denn Gott ist die einzige Substanz. Der Philosoph erklärt: „Per attributum intelligo id, quod intellectus de substantia percipit, tanquam ejusdem essentiam constituens" (Eth. I, Def. IV). Es ist hier nicht der Ort die von Erdmann einst vertretene formalistische Ansicht zu prüfen. Kuno Fischer²) hat sie eingehend und endgültig widerlegt. Sonach ist die richtige Uebersetzung obiger Definition diese: „ich verstehe unter Attribut, was der Verstand als die Wesensbeschaffenheit der Substanz erkennt." Es sind also die Attribute das, woraus Gott besteht, und es gilt die Formel: Deus sive omnia Dei attributa (Prop. XIX). In der Erläuterung fügt Spinoza hinzu: „Deinde per Dei attributa intelligendum est id quod divinae substantiae essentiam exprimit." Nehmen wir hinzu das in Def. VI Gesagte: „Per Deum intelligo ens absolute infinitum, hoc est substantiam constantem infinitis attributis, quorum unumquodque aeternam et infinitam essentiam exprimit", so wird hinreichend begründet sein, dass Spinoza unter den Attributen Gottes versteht die Kräfte, die „Kraftfülle" Gottes, die wirksamen Potenzen dieser ersten Ursache. Diese Attribute sind ein jedes für sich; sie können ein jedes nur durch sich begriffen werden. Sie sind ferner infinita d. h. ohne Zahl, unzählig. Sie müssen das sein, da sonst Gott nicht das absolut unendliche Wesen wäre, welches er doch ist.

G. H. Schaller fragte Spinoza: „ich bitte um einen direkten Beweis darüber, ob wir mehr Attribute von Gott als die Ausdehnung und das Denken erkennen können" (Ep. LXV). Der Philosoph antwortete: „ich wende mich zu Ihren Zweifeln und sage in Betreff des ersten, dass die menschliche Seele nur jene Kenntniss erlangen kann, welche die Vorstellung ihres wirklich bestehenden Körpers einschliesst, oder die aus dieser Vorstellung abgeleitet werden kann. Denn jedes

---

1) an anderer Stelle nennt sie Spinoza „non nisi auxilia imaginationis."
2) Descartes u. seine Schule II. p. 355 ff.

Dinges Macht wird nur durch sein Wesen bestimmt; das Wesen der Seele besteht aber nur darin, dass sie die Vorstellung ihres wirklich existirenden Körpers ist; desshalb erstreckt sich die Erkenntnisskraft der Seele nur auf das, was die Vorstellung ihres Körpers in sich enthält, oder was aus ihr folgt. Die Vorstellung des Körpers schliesst aber nur Gottes Attribute der Ausdehnung und des Denkens ein.[1]) Denn ihr Gegenstand, der Körper, hat Gott zur Ursache, insofern er unter dem Attribute der Ausdehnung und nicht unter einem andern aufgefasst wird; und desshalb schliesst diese Vorstellung des Körpers die Erkenntniss Gottes ein, soweit er nur unter dem Attribute der Ausdehnung aufgefasst wird. Ferner hat diese Vorstellung, soweit sie ein Zustand des Denkens ist, Gott auch zur Ursache, soweit er ein denkendes Wesen ist, und nicht soweit er unter einem andern Attribute aufgefasst wird; und desshalb schliesst die Vorstellung dieser Vorstellung die Erkenntniss Gottes ein, soweit er unter dem Attribut des Denkens und nicht eines andern aufgefasst wird. Es erhellt also, dass die menschliche Seele oder die Vorstellung des menschlichen Körpers keine Attribute weiter als diese zwei einschliesst und ausdrückt. Auch kann aus diesen beiden Attributen und deren Bestimmungen kein anderes Attribut Gottes gefolgert noch begriffen werden. Und daraus schliesse ich, dass die menschliche Seele nur diese beiden Attribute erkennen kann, wie auch der Satz aufgestellt worden ist (Ep. LXVI).

Wir haben diese Worte Spinoza's vollständig angeführt, da sie uns zugleich einen hellen Einblick thun lassen in seine Auffassung des Wesens der menschlichen Seele, zu deren genauer Schilderung wir nun überzugehen haben.

IV.
Der Mensch.

Von den zahllosen Attributen Gottes sind also dem aus Körper und Seele bestehenden Menschen allein erkennbar, weil in ihm wirksam,

---

1) „Ad haec corporis idea nulla alia Dei attributa involvit neque exprimit, quam extensionem et cogitationem."

die Ausdehnung als das Vermögen Körper zu bilden, das Denken als das Vermögen Ideen oder Vorstellungen zu bewirken. Dass aber der Mensch Seele und Körper ist, folgt daraus, dass er ein Modus Gottes ist. Gott ist ein denkendes Wesen (Eth. II, Prop. 1) und zugleich ein ausgedehntes Wesen (Eth. II, Prop. 2). Alle Dinge sind modi Gottes, also modi des Denkens und der Ausdehnung. Als modi des Denkens sind sonach alle Dinge denkende Naturen oder Geister, als modi der Ausdehnung ausgedehnte Naturen oder Körper, also sind sie zugleich Idee (Seele) und Körper, sowohl Geist als auch Körper. Aus diesen Sätzen ergiebt sich für das Wesen des Menschen ein doppeltes: der Mensch ist ein denkendes und ausgedehntes Wesen, ist Seele und Körper. Beide sind Glieder der grossen natürlichen Causalkette, jene im Gebiete des Denkens, dieser im Gebiete der Ausdehnung, und als solche zusammengehörend und hierdurch erst die Einheit, ein und dasselbe Wesen, die menschliche Natur bildend, wie Idee und Körper, wie die Idee des Kreises und die Figur des Kreises, jene nur als Modus des Denkens, dieser als ein Modus der Ausdehnung, Und zweitens: der Mensch ist ebenfalls eine blosse Modification Gottes, in gleicher Weise, wie alle übrigen Dinge eine Folge dieser ersten und ewigen Ursache, von ihr bewirkt aber als eine „vorübergehende, einzelne Wirkung", von den Dingen verschieden nicht seinem Wesen nach, sondern nur dem Grade nach, insofern die menschliche Seele die anderen Seelen übertrifft als geschickter zu mehrerer und deutlicher Erkenntniss (Eth. II, Proposition XIII, Schol.), und ebenso und entsprechend der Körper nur in höherem Grade vollkommen als mit dem Vermögen der Empfindungen ausgerüstet.

Ausführlicher über das Wesen des Menschen handelt Spinoza in der sog. kleinen Ethik, dem „kurzen Traktat über Gott, den Menschen und dessen Glückseligkeit." Ihr zweiter Theil enthält die Lehre vom Menschen und seiner Vereinigung mit Gott. Die Erörterung desselben wird uns zugleich eine vorläufige Antwort bieten auf unsere Frage nach der Unsterblichkeitslehre.

a) tractatus brevis.

In der Vorrede zum zweiten Theile sagt Spinoza, von der Besprechung Gottes und der allgemeinen und unendlichen Dinge werde er übergehen zu der der besonderen und endlichen Dinge, insbesondere derjenigen, welche den Menschen angehen.

Der Mensch als ein endliches Wesen kann, sofern er aus Seele und Körper besteht, nicht eine Substanz sein. Sondern alles, was er von Denken hat, sind[1] „allein nur Modi der denkenden Eigenschaft, welche wir Gott zugeschrieben haben; und wiederum alles, was er hat von Gestalt, Bewegung und anderen Dingen, sind desgleichen Modi der anderen Eigenschaft, die Gott zugeschrieben wird."

Zum Begriff der Seele finden wir in der Anmerkung fünfzehn Erläuterungen. Da keine endliche Substanz in der Natur sein kann, ist die Seele nicht eine Substanz, sondern ein Modus. Als solcher kann sie nur ein Modus sein des substantiellen Denkens. Dieses ist unendlich, in seiner Gattung vollkommen und eine Eigenschaft Gottes. Als solches muss es eine Erkenntniss, Idee oder Weise des Denkens haben von allen und jeglichen Dingen die wirklich sind, sowohl von Substanzen als von Modis, je wie diese jedesmal existiren. (4. 5) „Diese Erkenntniss, Idee u. s. w. (d. h. oder Weise des Denkens) von jedem besonderen Ding, das zu wirklicher Existenz kommt, ist, sagen wir, die Seele eines jeden dieser besonderen Dinge." (6)

Nun kommt jedes besondere Ding zu wirklicher, besonderer Existenz nur durch Bewegung und Ruhe. Derart bestimmt sind alle Modi in der substanziellen Ausdehnung d. h. die Körper. (7) Ihre Verschiedenheit entsteht allein durch ein je anderes Verhältniss von Bewegung und Ruhe. (8)

Wie aller Körper, so entsteht aus diesem Verhältniss von Bewegung und Ruhe auch die Existenz unseres, des menschlichen Körpers. Und wie von allen anderen Dingen, so muss auch von ihm

---

[1] Es wird hier und in der Folge citirt nach der zweiten Ausgabe von Chr. Sigwart, Tübingen 1869. Auch in Bezug auf die termini technici haben wir uns doch an diese hierin freilich vielfach sonderbare Uebersetzung halten zu müssen geglaubt.

in der denkenden Substanz eine Erkenntniss oder Idee — seine Seele — sein. (9) „Jedoch in einem andern Verhältniss von Bewegung und Ruhe war dieser unser Leib, da er ungeboren war, und in einem andern wird er in der Folge bestehen, wenn wir tot; doch nichts destoweniger war damals, und wird dann ebenso gut als jetzt eine Idee oder Erkenntniss u. s. f. unsers Körpers in der denkenden Sache sein; aber keineswegs dieselbe, weil er jetzt in Bewegung und Ruhe anders proportionirt ist." (10) Also: Körper und Idee des Körpers oder Seele stehen in völligem Identitätsverhältniss zu einander, beide nicht aufhörend, nur jeweilig zugleich ihre Form verändernd.

So wie der Körper ist, so ist auch die Seele, Idee, Erkenntniss. Nur ein in Bewegung und Ruhe so proportionirter Körper, wie der unsrige, kann eine solche Seele wie die unsrige haben. (11) Und soviel er sich verändert, soviel verändert sich entsprechend auch jedesmal seine Seele. (12) Diese Veränderungen werden bewirkt durch Einwirkungen anderer Körper auf den unsrigen, welche die durchschnittliche Proportion von Bewegung und Ruhe unterbrechen. (13) Ist die Störung des richtigen Verhältnisses von Bewegung und Ruhe im Körper allzu gewaltig, so tritt der Tod ein und mit ihm eine Vernichtung der Seele, sofern sie nur allein eine Idee oder Erkenntniss u. s. f. dieses so in Bewegung und Ruhe proportionirten Körpers ist." (14)

Doch weil die Seele ein Modus ist der denkenden Substanz, so hätte sie „auch diese neben der (Substanz) der Ausdehnung erkennen, lieben, und durch Vereinigung mit Substanzen, die immer dieselben bleiben, sich selbst ewig machen können." (15)

Was will Spinoza ausführen? das Wesen, die Vergänglichkeit und mögliche Unvergänglichkeit der Seele. Sie ist ein Modus der denkenden Substanz, aber identisch völlig mit ihrem Körper, darum mit ihm veränderlich, vergehend. Trotz dieser characteristischen Abhängigkeit hat sie, als ihrem Wesen nach einem andern Reiche als der Körper, dem Denken nicht der Ausdehnung angehörend und mit dem Körper nur vereinigt, zugleich die Fähigkeit gleichsam in ihrem Heimathlande Gestalt zu gewinnen, sich auch mit der denkenden Substanz zu vereinigen und dadurch aus der vorübergehenden Idee eines vergänglichen Körpers zu einer in der denkenden Substanz bleibenden Vorstellung zu werden, aus der endlichen Seele des endlichen Menschen unendliche Idee im unendlichen Denken. Wie Spinoza diese Anschauung in seiner Ethik durch den Begriff des intellectus infinitus genauer ausgeprägt hat, werden wir später darzustellen haben. Schon hier aber leuchtet ein: in jedem Fall ist ihm Unsterblichkeit der Seele über den Tod des Körpers hinaus gleich Unpersönlichwerden. Wird sie mit dem Körper zugleich vernichtet, weil sie nicht rechtzeitig mit der denkenden Substanz liebend sich vereinigt hat, so hört mit ihr zugleich die Idee des Körpers, das Bewusstsein auf. Hat sie sich aber rechtzeitig mit einer ewigen Substanz d. h. Gott geeint, so tritt im Tode zwar nicht die Vernichtung der Seele ein, wohl aber wird mit der Auflösung des Körpers zugleich seine Idee von ihm losgelöst. Doch bleibt diese nun nicht, was sie war, nämlich das Wissen, dass und was wir sind, sondern sie geht auf in der neuen Vereinigung mit jener Substanz und wird dadurch ewig.

Vielleicht wird Jemand hier fragen: streitet nicht gegen diese fünfzehnte These der Inhalt von Erläuterung zehn? hiess es nicht dort: es sei weder der Körper noch seine Idee, die Seele, vergehend? Wie schon die Seele des noch Ungeborenen in der „denkenden Sache" wäre, so würde auch nach dem Tode, ebenso gut als jetzt bei unseren Lebzeiten eine Idee „unseres" Körpers in der „denkenden Sache" sein, nur dass sie dann entsprechend den veränderten Proportionen von Bewegung und Ruhe selber ebenfalls eine entsprechend andere wäre?

Es ist das doch nur ein scheinbarer Widerspruch. Spinoza richtet mit der ihm eigenen Schärfe in Erläuterung 10 die Aufmerksamkeit lediglich auf den Ursprung des Körpers und der Seele als Modi der Attribute der ewigen Substanz, in der fünfzehnten dagegen auf die Entwicklung der Seele eines menschlichen Körpers.

Es findet übrigens die Behauptung dieser fünfzehnten Erläuterung ihre Ausführung im letzten Abschnitt des tractatus brevis, dem „von des Menschen Glückseligkeit." Im vierundzwanzigsten Hauptstück[1]) schreibt Spinoza: „Daraus, dass die Seele vereinigt werden

---

[1]) p. 24 ff. kommen wir genauer hierauf und auf die vorhergehenden Hauptstücke zurück.

kann entweder mit dem Körper, dessen Idee sie ist, oder mit Gott, ohne welchen sie nicht bestehen noch begriffen werden kann, kann man dann leicht sehen 1) dass, wenn die Seele allein mit dem Körper vereinigt ist, und dieser Körper vergeht, sie alsdann auch vergehen muss; denn wenn sie den Körper, welcher der Gegenstand ihrer Liebe ist, entbehrt, muss sie auch mit vergehen. Aber 2) dass, wenn die Seele mit einer andern Sache, die unveränderlich ist und bleibt, vereinigt wird, sie dann im Gegentheil auch unveränderlich und beständig bleiben muss. Denn wodurch sollte es alsdann möglich sein, dass sie vernichtet würde? Nicht durch sich selbst; denn so wenig als sie aus sich selbst beginnen konnte zu sein, da sie noch nicht war, so wenig kann sie auch jetzt, da sie ist, aus sich selbst sich verändern oder vergehen. So dass, was allein die Ursache ihrer Existenz ist, auch, wenn sie vergeht, darum die Ursache ihrer Nichtexistenz sein muss, weil es selbst sich verändert oder vergeht." Also: die Seele entsteht mit dem Körper und bleibt mit diesem als seine Seele vereinigt. Aber einmal entstanden, nicht als Modus des Körpers, sondern nur mit dem Körper zugleich als Modus des Denkens, eines Attributes Gottes, also durch die Wirksamkeit des göttlichen Denkens d. i. Gottes, hat sie die Fähigkeit, sich mit ihrem Ursprung, ihrer Ursache wieder zu vereinigen oder völlig loszulösen und mit dem Körper bloss sich zu einigen.

Die Vereinigung der Seele mit Gott vollzieht sich auf dem Wege der erkenntnissvollen Liebe zu Gott. Spinoza's erste Frage lautet darum hier: wie kommt der Mensch zur Erkenntniss seiner selbst und der Dinge ausser sich? Auf dreierlei Weise:[1]) 1) durch Wahn, 2) durch wahren Glauben, 3) durch eine klare und deutliche Erkenntniss. Die erste ist völlig unsicher wie die Erkenntniss des Blinden von der Farbe, weil bloss auf Hörensagen oder höchstens einzelnen eigenen Erfahrungen beruhend. Sicherer ist die zweite Art der Erkenntniss, der wahre Glaube, weil er aus Vernunftschlüssen hervorgeht. Darum kann man ihn auch mit dem Worte Vernunft bezeichnen. Am sichersten ist die letzte, die klare und deutliche Er-

---

1) Tract. brev. Th II. Hauptstück 1 ff.

kenntniss, weil, wer sie besitzt, weder des Hörensagens noch der Erfahrung, noch der Kunst aus Gründen zu schliessen bedarf, sondern durch seine klare Anschauung sogleich die Sache in allen ihren Beziehungen einsieht. Im Unterschiede von dem wahren Glauben oder der Vernunft als der durch Schlüsse vermittelten Erkenntniss (discursiven) bezeichnet Spinoza diese klare und deutliche Erkenntniss als die anschauende, unmittelbare mit dem Worte Verstand.

Die Wirkungen der drei Erkenntnissarten sind unsere Gemüthsbewegungen oder Leidenschaften. Aus dem Wahn kommen die unvernünftigen Leidenschaften, aus dem wahren Glauben die guten Begehrungen, aus der vollen Erkenntnis die wahre und echte Liebe mit allem, was aus ihr spriesst. Daher haben alle Leidenschaften in der Seele zu ihrer Ursache eine Art der Erkenntniss, richtige oder falsche, je nachdem.

Wie entspringen die Leidenschaften aus dem Wahn? Der Deutlichkeit halber gleich zwei Beispiele. Bei so vielen Menschen nehmen wir Verwunderung wahr. Woher das? Es ist etwas anders gekommen als sie ihrer falschen, sich selbst etwas weiss machenden Berechnung nach oder ohne Ueberlegung, aus Vorurtheil oder Unwissenheit erwartet hatten. So giebt es auch eine falsche Liebe, die aus dem Wahn entsteht. Man liebt etwas, weil es einem von Anderen als gut hingestellt worden ist oder weil es einem selbst als begehrenswerthes Gut erscheint, ohne dass man es doch ernstlich auf seinen wahren Werth geprüft hat. Daher ist diese Liebe aus Hörensagen oder Wahn keine wahre und vorübergehend. So entsteht auch der Hass nur aus dem Wahn, entweder dem Irrthum oder aus Hörensagen. So entsteht auch die Begierde aus dem Wahn, dass etwas einem gut sei, was doch verderblich ist.

Relativ sicherer ist die zweite Art der Erkenntniss, die durch den wahren Glauben. Hier bin ich nicht mehr im Zweifel oder Irrthum, sondern habe aus Gründen die Ueberzeugung, dass etwas in Wahrheit und ebenso ausserhalb meines Verstandes ist, wie ich in meinem Verstande davon überzeugt bin. Durch ihn erst erlange ich eine sichere Erkenntniss, durch ihn ein klares Verständniss, die Wurzel der Gottesliebe, durch ihn die Kenntniss von Gut und

Schlecht und damit der Leidenschaften, die zu erwählen und die zu vernichten sind.

Zwar in der Natur sind alle Dinge nothwendig und darum an sich weder gut noch bös. Das sind blosse Weisen des Denkens, relative Begriffe und von uns nur durch Vergleichung gebildet. So muss ich, wenn ich beim Menschen irgend etwas in Betreff des Guten oder Schlechten sagen will, die Vorstellung eines vollkommenen Menschen haben. Erst von dieser aus kann ich urtheilen, was gut ist: alles was mich zu dieser Vollkommenheit fördert, und was schlecht ist: alles was mich daran verhindert oder auch dazu nicht fördert. Die Idee des vollkommenen Menschen ist übrigens kein wirkliches Ding, sondern bloss ein ens rationis, ein Allgemeinbegriff unseres Verstandes.

Am sichersten ist die klare und deutliche Erkenntniss, denn sie besteht in einer unmittelbaren Vereinigung mit der Sache selbst. Doch ist auch sie in sich in dem Maasse wieder vollkommener, als ihr Object grössere Vollkommenheit hat, so dass, da Gott allein das allervollkommenste Wesen ist, die klare Erkenntniss die höchste wäre, welche auf Gott sich bezieht, in welcher ein Mensch mit Gott sich vereinigt und ihn so geniesst. Erst in der Erkenntniss Gottes vollendet sich darum die klare Erkenntniss. Nur durch sie ist eine wahre Erkenntniss der Dinge möglich.

Die Vereinigung mit Gott nennt Spinoza Liebe Gottes, und da sie auf der klaren Erkenntniss beruht, intellectuelle Liebe Gottes.

Alle Liebe entsteht aus unserer Erkenntniss, genauer aus der Erkenntniss, dass eine Sache herrlich und gut sei. Mit dieser variirt auch sie entsprechend. Da nun die höchste Erkenntniss die Gottes ist, so ist die höchste Liebe die erkenntnissvolle Liebe Gottes. Und weil allein Gott herrlich und ein vollkommenes Gut ist, so ist, ihn zu lieben, vor allem zu lieben für den Leben verlangenden, Vollendung ersehnenden Menschen eine einfache und ganz nothwendige Folge seiner Natur.

Die nächsten Hauptstücke (VI ff.) des tractatus brevis behandeln das Problem, welche Leidenschaften gut und bös, d. h. anzunehmen oder zu verwerfen seien.

Im XIV. Hauptstück heisst es (5): „Endlich ist noch anzumerken, dass allein die Liebe u. s. w. unbegrenzt ist, nämlich dass, wie dieselbe mehr und mehr zunimmt, so sie auch vortrefflicher wird, wenn sie auf einen Gegenstand fällt, der unendlich ist, wesshalb sie allezeit zunehmen kann; was bei keinem andern Dinge als allein diesem stattfinden kann. Und dies wird vielleicht hernach der Stoff sein, woraus wir im dreiundzwanzigsten Hauptstück die Unsterblichkeit der Seele beweisen werden und wie und auf welche Weise diese sein kann."

Cap. XV—XVII enthalten Ausführungen über das Wahre und Falsche, den Willen und den Unterschied zwischen dem Willen und der Begierde, welche in dem Resultate gipfeln, dass der Mensch als ein blosser, völlig von ihr bedingter Theil der Natur aus sich selbst zu seinem Heil und seiner Glückseligkeit nichts thun kann. Der Mensch ist lediglich ein Diener, ja ein Sklave Gottes, aber als solcher allerdings zugleich ein Mitarbeiter seines Herrn, Gottes.

Die Erkenntniss dieser seiner Doppelstellung als abhängiger Sklave und berufener Mitarbeiter Gottes führt den Menschen wie zur Demuth, zur Nächstenliebe, zu parteiloser Gerechtigkeit, zu innerer Festigkeit, zum Gottvertrauen, so zu rastlosem Vollkommenheitsstreben, so zum ewigen Heil und seiner Glückseligkeit. (Gleichniss zwischen dem Menschen und dem Beil des Zimmermanns, das vollkommen ist und seinen Zweck erfüllt, wenn es die Dienste, wozu es gebraucht wird, gehörig verrichtet.[1]) Diese besteht in der Liebe Gottes. Sie wird erreicht auf dem Wege der Erkenntniss. Aber wie ist das möglich? Setzen wir statt der philosophischen die üblichen entsprechenden theologischen Ausdrücke, also statt Wahn Sünde, statt Glauben Gesetz, statt Erkenntniss Gnade, so wird jeder alsbald zugeben, dass wie die Leidenschaften, welche gegen die gute Vernunft streiten, aus dem Wahn entstehen, wie durch den wahren Glauben (Gesetz) uns gezeigt wird, was in den Leidenschaften gut oder schlecht ist, ohne uns doch davon zu befreien, die wahre Erkenntniss (Gnade) es ist, welche uns wirklich von der Sünde frei macht (Hauptstück XIX). Doch davon abgesehen, auch im Rahmen unseres Systems wird man jene

---

[1] a. a. O. p. 113.

Frage bejahen müssen. Man muss sich nur zunächst erinnern an den Dualismus zwischen den Attributen der Ausdehnung und des Denkens und seine Folge, dass nicht die Bewegung die Ursache der Affecte ist, sondern diese lediglich Ausdruck und Wirkung unserer Erkenntnisszustände sind, also nur im Bereich des Seelenlebens vorhanden sind. Als ein Modus der Ausdehnung und des Denkens besteht der Mensch aus Körper und Geist. Die Ausdehnung, und nur sie allein, bewirkt die Erscheinungen der Bewegung und Ruhe, d. h. alle im Gebiet der Körperwelt stattfindenden Vorgänge (Beispiel vom Stein, der nicht durch das Denken, nur durch einen andern Stein bewegt werden kann.[1]) Entsprechend ist das Denken die alleinige Ursache der Erscheinungen in seinem Gebiete, so vor allem der Vorstellung von Dingen, der Affecte u. s. w.

Weil aber die Seele als Idee des Körpers[2]) mit demselben so vereinigt ist, dass sie und dieser Körper auf solche Weise zusammen ein Ganzes machen, so kann man sagen, dass dennoch eine gewisse Einwirkung zwischen beiden stattfinde, und zwar in Bezug auf den Körper vermittelt dadurch, dass die Seele auf die Lebensgeister einwirkt und deren Richtung anders bestimmt (Beispiel vom aufgehobenen Arm), wobei zuweilen innere Bangigkeit entsteht, und umgekehrt in Bezug auf die Seele dadurch, dass der Körper durch die Bewegung der Sinnesorgane in ihr die Wahrnehmung seiner selbst und dadurch auch anderer Körper bewirkt. Dadurch erklärt sich zugleich die Liebe und Vereinigung von Körper und Seele. Denn der Körper ist ja das Erste, was die Seele kennen lernt, also ihre erste, doch darum nicht einzige und höchste Liebe. Vielmehr wird die Seele, wenn sie z. B. Gott einmal mit einer entsprechend klaren Erkenntniss zu erkennen anfängt, mit ihm, um so viel als er köstlicher denn der Körper, näher vereinigt und von dem Körper wie losgelöst sein werden. Damit wird zugleich auch der ganze Seelenzustand ein anderer werden. Denn da die Leidenschaften in der Seele, wie Liebe, Hass, Traurigkeit u. s. f. je nach der Beschaffenheit der Erkenntniss verursacht werden,

---

1) Tract. brev. p. 117.
2) K. Fischer a. a. O. p. 225: „wir existiren nicht bloss, sondern wissen, dass und was wir sind. In dieser Idee besteht das Wesen der Seele."

welche sie jedesmal von den Sachen hat, so wird alsdann, wenn sie „das Allerherrlichste" einmal kennen gelernt und durch die unmittelbare Offenbarung des Gegenstands selbst an den Verstand mit ihm vereinigt ist, keine derselben in ihr mehr die mindeste Aufregung verursachen. Uebrigens besteht die Vereinigung mit Gott schon apriorisch, so dass sie sich als bewusste und nähere nur fortsetzt. Denn von Natur sind wir ja so mit Gott vereinigt, dass wir ohne ihn nicht bestehen können. Und zweitens ist Gott die Ursache aller Erkenntniss, also sowohl der seiner selbst, als der der Dinge, als der von uns selbst.

Schon sagten wir, es vollendet sich die Vereinigung der Seele mit Gott entsprechend der mit dem Körper auf dem Wege der Erkenntniss durch die Liebe, nur dass die Erkenntniss Gottes aus den obigen Gründen eine unmittelbare und zugleich die denkbar innigste ist. In ihr besteht unsere Glückseligkeit. Will man die Vereinigung mit dem Körper als die erste Geburt der Seele bezeichnen, so wäre die mit Gott die zweite, ihre „Wiedergeburt". Aus dieser zweiten Geburt der Seele folgt für sie ein dreifaches. Gemäss dem Object ihrer Vereinigung werden die Wirkungen ihrer Liebe unvergleichlich grösser und herrlicher als vordem, weil göttlich, sein; zweitens hat sie (Spinoza braucht hier das Wort Verstand)[1] nun erst die wahre Freiheit erlangt, d. h. Erlösung von den schlechten Affecten und die Fähigkeit in sich Ideen und ausser sich Wirkungen hervorzubringen, die mit ihrer Natur wohl übereinkommen, ohne doch irgend einer äusseren Ursache unterworfen zu sein, durch welche sie verändert oder verwandelt werden könnten. Und drittens, was damit zusammenhängt, hat die Seele nun auch eine ewige und unveränderliche Beständigkeit gewonnen: die Unsterblichkeit. Im früheren Zustande, als nur der Körper ihre Liebe war, musste mit diesem auch die Seele vergehen. Nun sie aber mit etwas Unveränderlichem und Bleibendem vereinigt ist, muss auch sie unveränderlich und beständig bleiben. „Denn[2]) wodurch sollte es alsdann möglich sein, dass sie vernichtet würde? Nicht durch sich selbst; denn so wenig als sie aus sich selbst be-

---

1) Tract. brev. p. 146.
2) vgl. p. 24 f.

ginnen konnte zu sein, da sie noch nicht war, so wenig kann sie auch jetzt, da sie ist, aus sich selbst sich verändern oder vergehen.[1]) Die Liebe Gottes, d. h. die Liebe zu Gott ist dem Menschen das Höchste, sein wahres Element, in welchem erst er Freiheit, Ruhe, Frieden und ewige Dauer findet. Darum würde, selbst wenn letzteres nicht der Fall wäre, derjenige, welcher nun die Spanne irdischen Lebens lieber in Sinnengenüssen zubringen wollte, so thöricht handeln wie ein Fisch, welcher dächte: „wenn für mich auf dieses Leben im Wasser kein ewiges Leben folgt, so will ich aus dem Wasser auf's Land gehen." „Was können doch diejenigen, welche Gott nicht erkennen, anderes sagen?"

Damit schliessen wir die Inhaltsübersicht über den tractatus brevis. Wir sehen, Spinoza lässt hier die Unsterblichkeit für die menschliche Seele gelten, aber offenbar in der Form unpersönlicher, nicht selbstbewusster, nicht individueller, ewiger Dauer, nämlich unter der Voraussetzung ihrer Loslösung vom Körper, mit welchem [2]) und als dessen Idee sie doch entstanden ist, und ihrer (Wieder-)Vereinigung mit Gott, von dessen Attribut des Denkens sie eine Wirkung war. Auch ist diese ewige Dauer [3]) für Spinoza nicht identisch mit der Glückseligkeit, sondern nur insofern ihr nahestehend, als beide Wirkungen der Liebe zu Gott, der Vereinigung mit Gott sind.

b) Anhang.

In der zweiten Hälfte des Anhangs zum tractatus brevis finden wir eine knappe Zusammenfassung Spinozas von seiner Sittenlehre.

---

1) Hauptstück XXIII i. f. Aus dieser Hypothese folgert Spinoza im Gegentheil die Unmöglichkeit der Existenz von Teufeln. Aus ihrer völligen Ungöttlichkeit und Unvollkommenheit folgt ihre Wesen- und Dauerlosigkeit.
2) vgl. dazu auch Ep. LVIII. „Ihr dritter Grund, nämlich, dass, weil es Körper ohne Seele gebe, es auch Seelen ohne Körper geben müsse, scheint mir ebenso verkehrt. Ich frage Sie, ob es dann nicht ebenso wahrscheinlich wäre, dass es ein Gedächtniss, ein Hören, ein Sehen ohne Körper gäbe, weil man Körper ohne Gedächtniss, Hören und Sehen antrifft? Giebt es wohl eine Kugel ohne Kreis, weil es einen Kreis ohne Kugel giebt?"
3) Ueber den Unterschied von Ewigkeit und Dauer schreibt Spinoza in Ep. XXIX: „Mit der Dauer kann man nur das Dasein der Zustände erklären, aber das der Substanz nur durch die Ewigkeit d. h. durch einen unendlichen Genuss des Daseins oder des Seins."

Die Seele ist ein Modus des Denkens, wie der Körper der Ausdehnung. Als solcher ist sie vergänglich. Ihr Ursprung ist kein willkürlicher, sondern durch den Körper veranlasst. Denn zwar alle Dinge haben Ideen von sich, Seelen, in der „denkenden Sache," sonst wäre diese ja nicht unendlich und vollkommen, aber auch bloss die wirklich bestehenden Dinge. Ist so die Seele in ihrem Ursprunge durch den Körper bedingt, so auch in ihrem Zustande durch die jeweiligen Veränderungen des Körpers in Bewegung und Ruhe. Aus der Perception dieser Veränderungen entspringen ihre Gefühle, aus diesen wieder die Vorstellung des eigenen Zustandes, die Selbsterkenntniss, und aus dieser endlich die Erkenntniss Gottes. Denn sich selbst erkennend, erkennt die Seele zugleich, dass sie als ein Modus des göttlichen Attributs des Denkens in letzter Ursache eine Wirkung Gottes selbst ist und mit ihm in Verbindung steht, woraus sich denn ihre klare Erkenntniss und Unsterblichkeit ergiebt.

Als später verfasst mag dieser Theil des Anhangs ein Beweis sein, den die folgenden Ausführungen aus der Ethik bestätigen werden, dass Spinoza zu allen Zeiten an seiner eigenthümlichen Unsterblichkeitslehre, wenn wir sie auch erst in dem posthumen Hauptwerk in voller Klarheit dargelegt finden, festgehalten hat. Doch bevor wir hierzu übergehen, seien auch aus Spinozas Briefwechsel die wichtigsten einschlägigen Stellen hier angeführt[1]).

c) Epistolae.

Gelegentlich schon ist erwähnt worden Ep. XXI (p. 12 u. 14); LXV u. LXVI (p. 18 u. 19); LVIII (p. 30); XXIX (p. 30).

Ep. XXXIII schreibt Blyenbergh an Spinoza: „Ihre Ansichten führen mich dahin, dass, wenn ich hier aufhöre zu sein, ich es auch für die Ewigkeit aufhöre. — — Sollte ich Ihre Meinung missverstanden haben, so bitte ich um nähere Erklärung." Entrüstet ant-

---

[1]) Auf die übrigen Schriften Spinoza's sind wir nicht ausführlich eingegangen, da sie für unsere Frage neben den vier hier behandelten Werken ohne besondere Bedeutung sind. Interessant ist die Erzählung eines Biographen Spinoza's, nach welcher vor Spinoza's Excommunication zwei seiner Mitschüler an ihn die Frage stellten, ob Gott körperlich, die Engel wirkliche Wesen, die Seele unsterblich sei. In seiner Antwort habe Spinoza ihnen gezeigt, wie man nach der Bibel Gott wohl als körperlich, die Engel als Phantome, die Seele als blosses Lebensprincip ansehen dürfe.

wortet der Philosoph:[1] „Was mich anlangt, so habe ich wahrhaftig deutlich gesagt, dass die Rechtschaffenen Gott verehren und durch unablässige Verehrung vollkommener werden, dass sie Gott lieben. Heisst dies, sie den wilden Thieren gleichstellen oder sie wie diese untergehen lassen, oder endlich, dass ihre Werke Gott nicht gefallen? Hätten Sie meinen Brief aufmerksamer gelesen, so würden Sie klar erkannt haben, dass unsere Meinungsverschiedenheit nur in der einen Frage besteht, ob Gott als Gott d. h. absolut und ohne dass man ihm menschliche Eigenschaften zuschreibt, die Vollkommenheiten, welche die Rechtschaffenen empfangen, ihnen mittheile — wie ich annehme —, oder ob er es, wie ein Richter thut, was zuletzt Sie behaupten. Und deshalb vertheidigen Sie die Gottlosen, weil diese Gott ebenso dienen, wie die Frommen, da sie alles, was sie vermögen, nach dem Rathschluss Gottes thun. Allein dies folgt keineswegs aus meinen Worten, da ich Gott nicht als Richter einführe und daher die Werke nach ihrer Beschaffenheit, nicht aber nach der Macht des Wirkenden schätze, und weil der Lohn, welcher dem Werke folgt, so nothwendig folgt, wie aus der Natur des Dreiecks folgt, dass seine drei Winkel zwei rechten gleich sein müssen. Dies wird Jeder einsehen, wenn er bedenkt, dass unsere höchste Seligkeit in der Liebe zu Gott besteht, und dass diese nothwendig aus der Erkenntniss Gottes,

---

1) Ep. XXXIV vom 28. Jan. 1665): Quantum ad me, ego profecto clare dixi, probos Deum colere et assidue colendo perfectiores evadere, Deum amare. Hoccine est eos bestiis similes reddere, aut eos instar bestiarum perire, vel denique eorum opera Deo non placere? Si meas literas maiore cum attentione legisses, clare perspexisses, nostrum dissensum in hoc solo positum esse: scilicet an Deus, ut Deus, hoc est absolute, nulla ei humana attributa adscribendo, perfectiones, quas probi accipiunt, eis communicet, ut ego intelligo; anve ut index, quod ultimum tu statuis; et ea de causa defendis impios, quia juxta Dei decretum, quicquid possunt, faciunt, Deo aeque ac pios servire. Sed vero secundum mea dicta id nullatenus sequitur, quia Deum tanquam iudicem non introduco, et ideo, ego opera ex operis qualitate, non vero ex potentia operatoris aestimo, et merces, quae opus consequitur, tam necessario id consequitur, quam ex natura trianguli sequitur, tres eius angulos duobus rectis aequales esse debere. Et hoc unusquisque intelliget, qui tantum ad id, quod summa nostra beatitudo in amore erga Deum consistit, attendit, quodque ille amor necessario ex Dei cognitione, quae nobis tantopere commendatur, fluit. Hoc autem generaliter facillime demonstrari potest, si modo ad naturam decreti Dei attendatur, quemadmodum in mea appendice explicui. Verum fateor, eos omnes, qui divinam naturam cum humana confundunt, valde ad id intelligendum ineptos esse."

die uns so sehr empfohlen wird, fliesst. Dies kann im Allgemeinen sehr leicht bewiesen werden, wenn man nur auf die Natur von Gottes Rathschluss Acht giebt, wie ich es in meinem Anhange erläutert habe. Aber freilich gestehe ich, dass Alle, welche die göttliche Natur mit der menschlichen vermengen, zu dieser Einsicht völlig unfähig sind."

Aus der Fülle des Interessanten wollen wir nur noch drei characteristische Stellen hervorheben, welche in ihrer specifischen Entgegensetzung gegen christliche Anschauungsweise zugleich den tiefen Unterschied zwischen Malebranche und Spinoza beleuchten mögen.

Ep. XXI i. f. lesen wir:[1] „Niemand kann ohne die göttliche Weisheit zum Stande der Seligkeit gelangen, denn nur sie lehrt, was wahr und was falsch, was gut und was böse ist. Weil diese Weisheit, wie gesagt, durch Jesus Christus am meisten geoffenbart worden ist, deshalb haben seine Jünger sie gepredigt, soweit sie ihnen von ihm geoffenbart worden, und gezeigt, dass sie sich jenes Geistes Christi vor den Anderen rühmen können. Wenn nun einzelne Kirchen hinzufügen, dass Gott die Menschennatur angenommen habe, so habe ich ausdrücklich gesagt, dass ich nicht verstehe, was sie sagen; vielmehr scheinen sie mir, offen gestanden, ebenso verkehrt zu sprechen, als wenn Jemand mir sagte, dass der Kreis die Natur des Vierecks angenommen habe. Ich denke, das wird zur Erläuterung meiner Meinung über jene drei Punkte genügen. Ob es aber den Ihnen bekannten Christen gefallen wird, werden Sie selbst am besten beurtheilen hönnen."

Ferner Ep. XXII:[2] „Daraus schliesse ich, dass die Auferstehung

---

[1] Nam nemo absque hac (sc. Dei aeterna sapientia) ad statum beatitudinis potest pervenire, utpote quae sola docet, quid verum et falsum, bonum et malum sit. Et quia, uti dixi, haec sapientia per Jesum Christum maxime manifestata fuit, ideo ipsius discipuli eandem, quatenus ab ipso ipsis fuit revelata, praedicaverunt, seseque spiritu illo Christi supra reliquos gloriari posse ostenderunt. Caeterum quod quaedam ecclesiae his addunt, quod Deus naturam humanam assumpserit, monui expresse, me, quid dicant, nescire; imo, ut verum fatear, non minus absurde mihi loqui videntur, quam si quis mihi diceret, quod circulus naturam quadrati induerit. Atque haec sufficere arbitror ad explicandum, quid de tribus illis capitibus sentiam. An eadem Christianis, quos nosti, acitura sint, id tu melius scire poteris." (No. 1675.)

[2] Concludo itaque, Christi a mortuis resurrectionem revera spiritualem et solis fidelibus ad eorum captum revelatam fuisse, nempe quod Christus aeternitate

Christi von den Toten in Wahrheit eine geistige gewesen und nur den Gläubigen nach ihrer Fassungskraft geoffenbart worden ist, nämlich dass Christus mit der Ewigkeit begabt gewesen und von den Toten (die Toten nehme ich hier in dem Sinne, wie Christus sagte: „Lasst die Toten ihre Toten begraben") auferstanden ist, und zugleich im Leben wie ihm Tode das Vorbild vorzüglicher Heiligkeit gegeben hat. Und soweit erweckt er seine Jünger von den Toten, als diese selbst diesem Beispiel seines Lebens und Todes nachfolgen." Diese Worte sind überaus characteristisch für Spinozas Unsterblichkeitslehre. Christus ruft mit jenem Worte: „lass die toten (Geister) die toten (Leiber) begraben" seine Jünger von dem übertriebenen und unfruchtbaren Totenkultus hinweg in den Dienst des höchsten Lebens, der die Aufgabe seiner Jünger sei und dessen Verpflichtung alle sonstigen Rücksichten zu opfern seien. Indem Spinoza dies Wort citirt, versteht er unter den toten Geistern offenbar diejenigen Menschen, deren Geist rein irdisch ist und darum vergänglich. Von ihnen unterscheidet er, wofür ihm Christus das beste Beispiel bietet, diejenigen, welche mit Ewigkeit begabt sind. Sie gehörten wohl auch einst zu den Toten d. h. Sterblichen auch in Bezug auf ihren Geist, sind nun aber von den Toten auferstanden und voll Heiligkeit. Wodurch? Die Tugend ist eine Folge der wahren Erkenntniss. Diese wird bewirkt und gewonnen durch die Einigung des menschlichen Geistes mit dem göttlichen Denken. Auf ihr beruht die Ewigkeit eines Menschen. Denn der Theil seiner Seele, welcher mit dem Ewigen eins geworden, muss offenbar selber ewig geworden sein. Tot hingegen bleibt d. h. mit Körper und Seele geht im Tode unter, wessen Denken die ewigen Wahrheiten nicht zu erfassen, die volle Erkenntniss nicht zu gewinnen vermochte.

Nun weiss man aber, dass nach Spinoza auch der Mensch ein durch den Causalzusammenhang völlig gebundenes und bestimmtes, unfreies Wesen ist. Kann er sich da selbst zur Ewigkeit bestimmen? Nein. Er wird dazu d. h. eben zur klaren Erkenntniss begabt. Es

---

donatus fuit et a mortuis (mortuos hic intelligo eo sensu, quo Christus dixit: sinite mortuos mortuos suos sepellire) surrexit, simulatque vita et morte singularis sanctitatis exemplum dedit; et eatenus discipulos suos a mortuis suscitat, quatenus ipsi hoc vitae ejus et mortis exemplum sequuntur." (Januar 1676).

findet also gleichsam eine praedestinatio duplex[1]) der Einen zur vollen Erkenntniss und geistigen Ewigkeit, der Anderen zum Irrthum oder theilweisen Erkennen und damit zum Tode statt. Nur dass dieselbe nicht von Gott — dieser blossen Ursächlichkeit — planvoll und wählerisch beabsichtigt ist, sondern in der Natur der Substanz oder der Welt nothwendig, urewig liegt. Wir werden auf diesen Gedanken späterhin zurückkommen. Zu seiner Illustration aber insbesondere fügen wir hier noch Ep. XXV, den so hochbedeutsamen Brief an Oldenburg vom Februar 1676 ein:

„Wenn ich in meinem vorigen Brief gesagt habe, dass wir desshalb unentschuldbar seien, weil wir in Gottes Macht wären, wie der Thon in der Hand des Töpfers, so habe ich es in dem Sinne gemeint, dass nämlich Niemand Gott es vorwerfen kann, er habe ihm eine schwache Natur und eine ohnmächtige Seele[2]) gegeben. Denn so thöricht es wäre, wenn ein Kreis sich beklagen würde, dass ihm Gott nicht die Eigenschaften einer Kugel zugetheilt, oder ein Kind, welches am Steine leidet, dass Gott ihm nicht einen gesunden Körper gegeben habe, so thöricht würde es sein, wenn der geistig schwache

---

1) Es wird in der Folge noch deutlicher sich zeigen, wie wenig Ungerechtigkeit doch in dieser — wenn wir ungenau so sagen dürfen — Praedestination liegt. Denn da auch die mit Ewigkeit Begabten bei der Trennung der Seele vom Körper im Tode alles Individuelle und das Gedächtnis von sich abstreifen, so wird der in der egoistischen Menschennatur tief gegründete endämonistisch-selbstische Kern des Unsterblichkeitsglaubens völlig nichtig und diese damit für den sinnlichen Menschen entwerthet. Uebrigens hat ja gerade in der Neuzeit die tiefere speculative Philosophie, der begeisterte Herold Spinozas, der jugendliche Schleiermacher voran, im Gegensatz zum Rationalismus darauf hingewiesen, dass die Hauptsache des Ewigkeitsglaubens nicht das zeitliche Fortdauern der Seele nach dem Tode, sondern das spezifisch Religiöse, das Leben in Gott sei, also etwas, das vom Tode einfach gar nicht berührt wird. Erwähnt seien auch an dieser Stelle die verwandten Worte Hegels: „Die Sache ist überhaupt diese: dass der Mensch durch das Erkennen unsterblich ist, denn nur denkend ist er keine sterbliche, thierische Seele, ist er die freie, reine Seele. Das Erkennen, Denken ist die Wurzel seines Lebens, seiner Unsterblichkeit, als Totalität in sich selbst" (Religionsphilosophie II, p. 220). Sollen wir eine der spinozistischen nahestehende Unsterblichkeitslehre älteren Ursprungs aus den philosophischen angeben, so erinnern wir an den grossen Averroes, dessen Pantheismus ihn ein ursprüngliches Fortleben des Menschengeistes im intellectus universalis lehren liess.

2) „naturam infirmam seu animum impotentem."

Mensch sich beklagen wollte, dass Gott ihm die Geistesstärke und die wahre Erkenntniss und Liebe Gottes selbst versagt habe und ihm eine so schwache Natur gegeben habe, dass er seine Begierden weder zügeln noch mässigen könne. Denn der Natur jedes Dinges kommt nur das zu, was aus seiner Ursache nothwendig folgt. Dass es nun aber nicht zu jedes Menschen Natur gehört, starken Geistes zu sein, und dass es nicht mehr in unserer Macht steht, einen gesunden Körper zu haben als eine gesunde Seele, kann nur der bestreiten, welcher Erfahrung und Vernunft verleugnen will. Sie entgegnen jedoch: wenn die Menschen aus der Nothwendigkeit ihrer Natur sündigen, so sind sie zu entschuldigen, aber Sie erklären nicht, was Sie daraus folgern wollen, nämlich ob Gott nicht auf jene zürnen kann oder ob dieselben der Seligkeit, d. h. der Erkenntniss und Liebe Gottes würdig sind.[1]) Meinen Sie ersteres, so gebe ich völlig zu, dass Gott nicht zürne, sondern alles nach seinem Wunsche geschehe: aber ich bestreite, dass desshalb alle selig werden müssen; denn die Menschen können entschuldbar sein und doch der Seligkeit entbehren und vielerlei Pein haben. Denn das Pferd ist ohne Schuld, dass es ein Pferd und kein Mensch ist; trotzdem muss es aber ein Pferd und kein Mensch sein. Wer durch einen Hundebiss toll wird, ist zwar zu entschuldigen, wird aber doch mit Recht getötet; und endlich, wer seine Begierden nicht regieren und durch die Furcht vor dem Gesetze zügeln kann, kann dennoch, obzwar er wegen seiner Schwäche zu entschuldigen ist, die Gemüthsruhe und die Erkenntniss und Liebe Gottes nicht geniessen, sondern geht nothwendig zu Grunde. Auch brauche ich dabei wohl nicht zu erinnern, dass, wenn die Schrift sagt, Gott zürne über die Sünder und sei ein Richter, der über die Handlungen der Menschen erkennt, entscheidet und urtheilt, dies nach menschlicher Weise und nach der herkömmlichen Meinung der Menge geredet ist; denn ihre Absicht ist es nicht, Philosophie zu lehren noch die Menschen gelehrt, sondern sie gehorsam zu machen.[2]) Wess-

---

1) „At instas: Si homines ex naturae necessitate peccant, sunt ergo excusabiles, nec quod inde concludere velis, explicas, an scilicet, quod Deus in eas irasci nequeat, an vero quod beatitudine, hoc est, Dei cognitione et amore digni sint."

2) „quia ipsius intentum non est philosophiam docere, nec homines doctos, sed obtemperantes reddere."

halb ich übrigens desshalb, weil ich die Wunder und die Unwissenheit für gleichbedeutend halte, die Macht Gottes und die Kenntniss der Menschen in dieselben Grenzen einschliesse, sehe ich nicht ein.

Uebrigens nehme ich mit Ihnen das Leiden, den Tod und das Begräbniss Christi im wörtlichen Sinne (literaliter), aber seine Auferstehung im allegorischen (allegorice). Allerdings erzählen die Evangelisten sie mit solchen Nebenumständen, dass man nicht leugnen kann, dass sie selbst geglaubt haben, Christus sei körperlich wieder auferstanden, gen Himmel gefahren und sitze zur Rechten Gottes, und dass diese Vorgänge von den Ungläubigen ebenfalls hätten gesehen werden können, wenn sie da mit dabei gewesen wären, wo Christus seinen Jüngern erschienen ist. Dennoch konnten sie, unbeschadet der christlichen Lehre, sich hierin täuschen, wie es auch anderen Propheten so gegangen ist" . . . . .

d) Ethica.

Wir kehren zurück zur Ethik, um aus ihr die endgültige Lösung unserer Aufgabe: Spinoza's Unsterblichkeitslehre zu gewinnen.

Wir sahen, Gott ist als natura naturans die aus unendlichen Attributen bestehende Substanz. Von diesen Attributen aber sind dem Menschen nur erkennbar das der cogitatio und das der extensio. Jenes wirkt als das Vermögen Gottes Ideen zu bilden, unseren Verstand, unsere Seele, dieses als das Vermögen Gottes Körper zu schaffen, unsern Leib. Und eben weil nur diese beiden Vermögen Gottes im Wesen des endlichen Menschen wirksam sind, darum können bloss sie aus den zahllosen göttlichen Attributen vom Menschen erkannt werden. Als aus einer Wurzel, der Substanz, stammend sind die Attribute, wiewohl jedes etwas für sich Besonderes und vom andern Verschiedenes, doch ewig zusammengehörig und zusammenwirkend, so dass es kein Seelenreich und keine Körperwelt für sich geben kann, sondern eines nicht ohne das andere: nur wo Körper ist, da ist auch Idee, und umgekehrt.

Der dritte wichtige Begriff in Spinoza's System war der des Modus. Dieser verhielt sich zu Substanz und Attribut wie die Wirkung, genauer das Bewirkte, zur Ursache, das Endliche zum Unendlichen, das Bedingte und Beschränkte zum Unbedingten und Unbeschränkten, das Abgeleitete zum Ursprünglichen. Nur in und durch die Substanz existirend, waren die Modi deren Beschaffenheiten, aber ohne ihr nothwendig zuzukommen. Trotzdem lesen wir Eth. I, Proposition XXII: „Alles was aus einem Attribute Gottes folgt, soweit das Attribut durch eine solche Modification modificirt ist, welche sowohl nothwendig als unendlich durch dasselbe besteht, muss ebenfalls nothwendig und unendlich bestehen."

Wie haben wir das zu verstehen? Liegt hier nicht ein Widerspruch vor?

Es ist zu unterscheiden zwischen den einzelnen Modis und ihrer Gesamtheit. Der einzelne Modus ist beschränkt und darum endlich, vergänglich. Aber er ist beschränkt eben wieder durch einen endlichen Modus und so fort in unendlicher Folge. Daher geht der Zusammenhang aller als eine endlose Kette ins Unendliche und es kommt in diesem Sinne den Modis Unendlichkeit zu. Der einzelne Modus ist durch einen andern bedingt und zufällig. Aber der Zusammen der Modi, ihr Inbegriff, ist wesensnothwendige Wirkung, Folge der Attribute Gottes, also nothwendig.

Haben wir so von vornherein bei den Modis zwischen ihrem Inbegriff und den zufälligen Einzelmodis zu unterscheiden, so ist auch weiterhin dies genau zu beachten.

Die Modi sind Beschaffenheiten der Substanz und als solche die res particulares. Die Substanz erkennen wir wirksam in den Attributen des Denkens und der Ausdehnung. Also zerfallen die Modi wieder in solche des Denkens und solche der Ausdehnung. Jene sind die Ideen, in ihrem Inbegriffe, ihrem Zusammenhange der intellectus absolute infinitus; diese sind die Körper, in ihrem Inbegriffe motus et quies[1]). Und wie die einzelnen Modi die Ideen und die Körper,

---

[1]) Bezeichnet man den Zusammenhang, die Ordnung der körperlichen Dinge oder Gott in seiner vollkommenen Machtentfaltung als ordo rerum, den der geistigen, in welchem sie begriffen ist, als ordo idearum, so würde die Gleichung lauten: ordo idearum idem est ac ordo rerum. In diesem Sinne schreibt Spinoza Eth II Prop.VII Schol.: Hier müssen wir, ehe wir weitergehen, uns ins Gedächtniss rufen, was oben gezeigt worden, nämlich dass alles, was von dem unendlichen Verstande als das Wesen der Substanz ausmachend begriffen werden kann, dass

beide ihrer Substanz nach identisch und verschieden nur je als bestimmte Formen eines und desselben Dings, die einzelnen Dinge ausmachen, so der intellectus absolute infinitus und motus et quies zusammen die facies totius Universi, die Gestalt des ganzen Weltalls, welches, obgleich es auf unendliche Weise wechselt, doch immer dasselbe bleibt[1]). In ihrer folgenmässigen Entwicklung ausgedrückt

dies alles nur zu einer Substanz gehört, und dass folglich die denkende Substanz und die ausgedehnte Substanz eine und dieselbe Substanz ist, welche bald unter diesem, bald unter jenem Attribute begriffen wird. So ist auch die Daseinsform der Ausdehnung und die Idee dieser Daseinsform („modus extensionis et idea illius modi") ein und dasselbe Ding, aber auf zwei Arten ausgedrückt. Dies scheinen einige Hebräer gleichsam nebelhaft gesehen zu haben, welche behaupten, Gott, der Verstand Gottes und die von ihm erkannten Dinge seien eins und dasselbe. Z. B. ein in der Natur existirender Kreis und die Idee eines existirenden Kreises ist ein und dasselbe Ding, welches durch verschiedene Attribute ausgedrückt wird. Mögen wir daher die Natur unter dem Attribute der Ausdehnung oder unter dem Attribute des Denkens oder unter irgend einem andern begreifen, immer werden wir eine und dieselbe Verknüpfung der Ursachen, d. h. dieselbe Folge der Dinge, eins aus dem andern, finden („easdem res invicem sequi reperiemus"). Aus keinem andern Grunde habe ich gesagt, dass Gott die Ursache der Idee z. B. des Kreises ist, nur sofern er ein denkendes Ding ist, und des Kreises selbst, nur sofern er ein ausgedehntes Ding ist, als deswegen, weil das formale Sein der Idee des Kreises nur durch einen andern Modus des Denkens als dessen nächste Ursache, und dieser wieder durch einen andern und so in's Unendliche begriffen werden kann; so dass, so lange die Dinge als modi des Denkens betrachtet werden, wir die Ordnung der ganzen Natur oder die Verknüpfung der Ursachen durch das Attribut des Denkens allein erklären müssen, und sofern sie als modi der Ausdehnung betrachtet werden, auch die Ordnung der ganzen Natur durch das blosse Attribut der Ausdehnung erklärt werden muss; und so verstehe ich es auch bei anderen Attributen. Daher ist die wahre Ursache der Dinge, wie sie an sich sind, Gott, sofern er aus unendlichen Attributen besteht."

Diese Meinung, dass die Ordnung und der Zusammenhang der Ideen identisch sei mit demjenigen der Körper, bildet recht eigentlich den Ausgangspunkt für Spinozas Denken und ein Hauptmoment seiner Lehre.

1) vgl. Ep. LXVI i. f., wo Spinoza auf die Frage nach einigen Beispielen von dem, was von Gott unmittelbar (immediate) hervorgebracht worden und von dem, was mediante infinita quadam modificatione hergebracht werde, antwortet: „Endlich sind die von Ihnen erbetenen Beispiele zur ersten Art bei dem Denken: der schlechthin unendliche Verstand und bei der Ausdehnung: die Bewegung und Ruhe; von der zweiten Art ist ein Beispiel: die Gestalt des ganzen Weltalls, quae quamvis infinitis modis variet, manet tamen semper eadem, de quo vide schol. lemmatis 7 ante prop. 14 ethic. part. 2.

— wobei freilich nicht etwa an eine emanatistische, sondern die geometrische zu denken ist — hätten wir also diese Reihe zu unterscheiden: Wesen Gottes (Substanz) — Attribute (cogitatio, extensio etc.) — nothwendige und unendliche Modificationen. Aus diesen schliesslich folgen, und zwar im Unterschiede von jenen unmittelbaren Folgen, weil jedes Ding ja zu seiner nächsten Ursache ein anderes einzelnes Ding hat, mittelbar, die einzelnen Dinge (Modi). Auch sie sind also Wirkungen Gottes, wenn auch nur als ihrer letzten Ursache und vermittelte (Eth. I. Prop. XXVIII Schol.). Als solche Wirkungen Gottes, der natura naturans, bilden die Modi die natura naturata, das gottgewirkte Sein, den Inbegriff, das Reich aller unendlichen und endlichen Modi, die Welt. Darum darf diese nicht als etwas für sich betrachtet werden, sondern nur in ihrem ursächlichen Wesenszusammenhange mit Gott, als ewige Wirkung der ewigen Ursache.

Bleiben wir einen Augenblick bei diesem Begriff der Ursache stehen. Entsprechend nämlich den unendlichen und endlichen Modis, haben wir auch im Begriff der Ursache zwischen unendlicher und endlicher Causalität zu unterscheiden. Das Wesen der unendlichen Causalität besteht darin, dass sie durch sich selber ist, unmittelbar und unbedingt wirkt. Das ist aber nur bei den unendlichen Wesen der Fall: Gott = Attribute = nothwendige und unendliche Modificationen. Die einzelnen Modi hingegen, da sie einer aus dem andern folgen, also von aussen, durch Anderes bedingt und bewirkt sind, können nicht unmittelbares Produkt und Objekt der ewigen Causalität sein, sondern unterstehen einer besondern, der endlichen Causalität. Sie sind daher Folgen, unmittelbare Wirkungen, nicht der causae primae, sondern der causae secundae oder Mittelursachen.

Dies ist wichtig für die Beurtheilung des Menschen. Auch der ist ja ein Glied in dem von der endlichen Causalität beherrschten Reiche der Dinge. Als solches ist er den gleichen Gesetzen wie die anderen Modi unterworfen. Wie diese ist auch er ein Produkt von äusseren Ursachen, nicht wesensnothwendig existirend (daher zufällig), determinirt in seinem Leben und Handeln (daher unfrei und nicht aus eigenen inneren Bewegungen handelnd[1]). Und zwar gilt die Wirkung

[1] vgl. a. Ep. LXII d. Gleichnisse vom geworfenen Stein, dem Milchbegehrenden Kinde, dem zornigen Knaben, dem Furchtsamen, dem Betrunkenen u. s. w.

des endlichen Causalnexus sowohl für den Körper als für die Seele des Menschen; für diese, sofern sie innerhalb der durch den Causalnexus der Ideen geordneten, vom Attribut des Denkens verursachten Ideenwelt sich befindet, für den Körper, sofern er innerhalb der durch den Kausalnexus der Körper geordneten, vom Attribut der Ausdehnung verursachten Körperwelt sich befindet. Daraus erklärt es sich abermal, was schon aus ihrer Wesensidentität einleuchtet, dass, obwohl beide keineswegs auf einander einwirken können, vielmehr völlig unabhängig von einander wirken, sie dennoch vollkommen einander entsprechen. Denn infolge des gleichwirksamen Causalnexus ist die im Ideenreich und die im Körperreich bestehende Reihenfolge der Ideen und der Körpern völlig die gleiche, in jedem Gliede parallele (Eth. II, Prop. VII Dem.), so dass Körper und Seele sich entsprechen wie Figur und Idee eines und desselben Kreises. Und wie bei einem Kreise Figur und Idee, jene nur als der Kreis in der Ausdehnung, die Idee derselbe Kreis nur im Denken, zusammen erst die Natur des Kreises ausmachen, so auch bei den Dingen die Ideen und Körper die Natur des Dinges, so auch beim Menschen Seele und Körper die Natur des Menschen. Daraus ergiebt sich die Bedeutung beider für einander und für die Erkenntniss des Wesens des Menschen. Darum handelt Spinoza im zweiten Theile seiner Ethik über die Natur und den Ursprung der Seele (de natura et origine mentis), und seine erste Definition beantwortet die Frage nach dem Körper: per corpus intelligo modum, qui Dei essentiam, quatenus ut res extensa consideratur, certo et determinato modo exprimit (Eth. II, Def. I). Im dreizehnten Lehrsatz kommt Spinoza auf das Wesen des Körpers zurück und, nachdem er die Einheit von Seele und Körper und die Unterschiedenheit der Seelen je nach der Vorzüglichkeit und grössern Realität ihres Gegenstandes hervorgehoben, fährt er fort: „Nur das will ich im Allgemeinen bemerken, je mehr ein Körper vor dem andern geeignet ist, Mehreres zugleich zu thun oder zu leiden, desto mehr ist dessen Seele mehr wie die übrigen geeignet, Mehreres zugleich aufzufassen; und je mehr die Handlungen eines Körpers von ihm allein abhängen, und je weniger andere Körper im Handeln mit ihm zusammenwirken, desto geschickter ist seine Seele zu scharfer Erkenntniss. Hieraus kann man den Werth einer Seele vor der andern abnehmen, ferner den Grund einsehen, weshalb wir nur eine sehr verworrene Kenntniss von unserm Körper haben." (Schol.). Nun folgt die knappe Uebersicht über die Natur der Körper. Alle Körper sind Modificationen der Ausdehnung, stimmen also als Wirkungen desselben Attributs in ihrem Wesen überein. Die Körperwelt wird geordnet durch den (mechanischen) Causalnexus von Bewegung und Ruhe. Daher bilden auch diese etwas allen Körpern Gemeinsames. Aber zugleich sind sie es, und zwar sie allein, welche die Körper unterschieden machen, insofern die Körper sich schneller oder langsamer oder gar nicht bewegen. Diese Bewegung wird bewirkt unmittelbar immer nur durch einen andern Körper und „so fort ohne Ende" (Lemma III), denn die körperlichen Modi sind unzählig. Diejenigen Körper nun, welche bloss Unterschiede bezüglich des Grades ihrer Geschwindigkeit aufweisen, „sich bloss durch Bewegung und Ruhe, Schnelligkeit und Langsamkeit von einander unterscheiden" (Ax. II), nennt Spinoza, weil diese Unterschiede die einfachsten sind: corpora simplicissima. Dann bemerkt er: „jam ad composita ascendamus." Wenn einige Körper gleicher oder verschiedener Grösse von anderen dergestalt zusammengehalten werden, dass sie sich wechselseitig berühren (invicem incumbant), oder wenn sie sich mit gleicher oder verschiedener Schnelligkeit so bewegen, dass sie einander ihre Bewegungen auf eine bestimmte Weise mittheilen, so sagen wir, dass alle diese Körper in wechselseitiger Verbindung stehen (invicem unita) und dass alle zusammen einen Körper oder ein Individium (simul unum corpus sive individuum) bilden, welches sich durch diese Vereinigung der Körper von anderen unterscheidet (Ax. II Def.). Diese Individuen sind unter einander wieder sehr verschieden. Aus je mehr bewegenden Körpern oder Kräften eines zusammengesetzt ist, desto vollkommener ist es, desto grösser ist seine Fähigkeit, aktiv zu wirken, zu handeln und Einwirkungen anderer Körper zu empfangen. Neben den Individuen, die aus den einfachsten Körpern zusammengesetzt sind, giebt es weiterhin solche, die aus vielen Individuen von verschiedener Natur zusammengesetzt sind. Sodann können wir uns eine dritte Gattung von Individuen denken, die aus jener zweiten Gattung zusammengesetzt sind, und darum auf noch viel mehr Weisen erregt werden können. „Und wenn wir so weiter in's Unendliche fortfahren, so werden wir leicht begreifen, dass die ganze Natur ein Individuum ist, dessen Theile d. h. alle Körper auf unendliche Weise verschieden sind, ohne irgend welche Aenderung des ganzen Individuums ¹)." Es stellt also das Universum ein Stufenreich von Körperbildungen mit fortschreitender Zusammensetzung d. h. mit wachsender Vollkommenheit dar, deren höchste es selber ist, weil es allein alle Körper mit ihren unendlich wechselnden Zuständen in sich vereinigt.

Ist das Universum das zusammengesetzteste und darum vollkommenste Individuum, so bildet in ihm der menschliche Körper eins der complicirtesten Einzeldinge. Denn der menschliche Körper ist aus sehr vielen Individuen (verschiedener Natur) zusammengesetzt, von denen jedes sehr zusammengesetzt ist. ²) Als einem derartig sehr zusammengesetzten Körper kommt auch ihm grosse Vollkommenheit zu nach der aktiven wie nach der passiven Seite. Er kann sowohl selber grosse Wirkungen auf andere Körper ausüben als solche auf sich und in sich erleiden, d. h. in mannigfaltigster Weise afficirt werden.

Diese Eigenschaften des Körpers sind rückwirkend zugleich von entscheidender Bedeutung für das Wesen seiner Vorstellung, ³) der Seele. Denn in demselben Maasse wie ihr Körper entwickelt auch sie sich vollkommener. Je mehr in dem menschlichen Körper vorgeht, desto mehr muss die Seele, die mens humana in sich auffassen.

An sich schon darf sie nicht als ein einfaches Wesen betrachtet werden. Auch sie ist zusammengesetzt aus einer Reihe von Vorstellungen. Jeder Körper hat seine besondere Vorstellung. Der menschliche Körper ist eine Zusammensetzung zahlreicher anderer Körper. Also ist auch die menschliche Seele eine Zusammensetzung verschiedener Seelen, nämlich derjenigen der das menschliche Individuum ausmachenden Körper. Und wie im menschlichen Individuum seine

---

1) „Et si sic porro in infinitum pergamus, facile concipiemus, totam naturam unum esse individuum, cujus partes, hoc est, omnia corpora infinitis modis variant absque ulla totius individui mutatione" (Lemma VII Schol).
2) „Corpus humanum componitur ex plurimis (diversae naturae) individuis, quorum unumquodque valde compositum est" (Eth II Postul. I).
3) s. p. 41 f.

körperlichen Bestandtheile wechseln, sich verändern, afficirt werden, so in der zugehörigen menschlichen Seele die Vorstellungen. Denn den Affectionen des Körpers entsprechen im menschlichen Geiste jedesmal die Ideen. Dies bildet die Grundlage, auf welcher Spinoza seine so berühmte Affectenlehre aufbaut. Als für die Lösung unserer Aufgabe bedeutungslos übergehen wir sie und wenden uns sogleich wieder zur Lehre vom menschlichen Geiste.

Wir sahen bereits: Die Wirkung des Attributs des Denkens im Gegensatz zu dem der Ausdehnung ist in ihrem Inbegriff der intellectus absolute infinitus als seine unendliche und nothwendige Modification. Die einzelnen Glieder dieses geistigen Causalzusammenhangs sind die Ideen der einzelnen in Wirklichkeit existirenden Dinge (Eth. II, Prop. XI) und als solche endliche und zufällige Modi.

Solch ein Theil des unendlichen Verstandes Gottes ist auch die menschliche Seele (Eth. II, Prop. XI, Schol.).[1]) Das was das wirkliche Sein, das besondere Wesen einer Idee im unendlichen Verstande ausmacht, ist eben die Vorstellung eines einzelnen wirklich bestehenden Dinges. Erst mit der Existenz dieses wird auch sie eigenthümlich existirend. So mit der Existenz des menschlichen Körpers durch die dadurch hervorgerufene besondere Vorstellung die unterschiedene menschliche Seele. Die Seele hat also — und es ist gerade das für das volle Verständniss von Spinoza's Unsterblichkeitslehre hochwichtig — gleichsam einen doppelten Ursprung. Eine Wirkung des göttlichen Denkens ist sie eigenthümlich existirend nur als die Vorstellung eines Modus der Ausdehnung, ihres einzelnen wirklich bestehenden Körpers.

Als Modus des göttlichen Denkens bildet die Seele einen Theil des unendlichen Verstandes. Darum hat sie, während dieser alle Vorstellungen der Dinge und somit die vollkommene und adäquate

---

1) vgl. auch Prop. XL Schol: „Haec sunt quae de mente, quatenus sine relatione ad corporis existentiam consideratur, ostendere constitueram. Ex quibus et simul ex prop. XXI part. I et aliis apparet, quod mens nostra, quatenus intelligit, aeternus cogitandi modus sit, qui alio aeterno cogitandi modo determinatur, et hic iterum ab alio et sic in infinitum, ita ut omnes simul Dei aeternum et infinitum intellectum constituant."

Erkenntniss in sich vereinigt, als Vorstellung nur eines einzelnen Dinges auch nur eine theilweise, unklare oder inadäquate Erkenntniss.

Aber entsprechend ihrem höchst zusammengesetzten Körper ist auch die menschliche Seele keine einfache, sondern eine aus zahlreichen Einzelvorstellungen zusammengesetzte Idee (Eth. II, Prop. XIV und XV). Ferner ist der menschliche Körper nicht bloss in sich zusammengesetzt, sondern auch den Einwirkungen anderer Körper ausgesetzt. Daher muss, weil die Seele auch alle Affectionen ihres Körpers vorstellt, zu jenen oben genannten eine Reihe weiterer Vorstellungen hinzutreten, hervorgerufen durch die erfahrenen Einwirkungen der anderen Körper, als Ideen dieser anderen äusseren Körper als vorhandener gegenwärtiger Dinge. Wirken gleichzeitig mehrere äussere Körper auf den menschlichen Körper ein, so werden gleichzeitig entsprechend viele Ideen entstehen. Diese werden, entsprechend dem gemeinsamen Object der Wirkungen, im menschlichen Geiste zusammentreffen und sich zu einem Ideencomplex, einer Ideenassociation vereinigen (Eth. II, Prop. XVII und XVIII (Gedächtniss).[1]

So tritt uns im menschlichen Geiste eine Fülle von Ideen entgegen: Vorstellungen des eigenen Körpers, seiner Beschaffenheit und seiner Affectionen, sowie Vorstellungen anderer Körper und deren Wirkungen. Aus dieser Voraussetzung erwächst für Spinoza der Lehr-

---

1) Es handelt sich hier um das Problem der Empfindung, das in Wahrheit auch Spinoza keineswegs gelöst hat. Der menschliche Geist hat die Ideen der Affectionen seines Körpers. Unmittelbar seinen Körper empfinden kann der menschliche Geist seiner Natur nach nicht. Denn er ist lediglich denkend, eine Wirkung des Attributs des Denkens im Gegensatz zu dem der Ausdehnung. Unmöglich kann er daher mit einem Modus der Ausdehnung in unmittelbarer Wechselwirkung stehen. Es bleibt also nur übrig, was auch Spinoza lehrt und worin gerade er die grössere Vollkommenheit des menschlichen Körpers vor den anderen Körpern bestehen lässt, dass die Empfindungen im Körper stattfinden, im Geiste aber blos deren Ideen sind. Nun aber ist doch umgekehrt jeder Körper nur ein Modus der Ausdehnung, dieses den völligen Gegensatz zu dem des Denkens bildenden göttlichen Attributs. Als solcher ist er lediglich ausgedehnt und bewegungsfähig. Wie können da in ihm Empfindungen stattfinden, die doch ein geistiger Akt sind! Sind aber weder im Geiste noch im Körper des Menschen, so wie Spinoza beide begreift, Empfindungen möglich, so sind sie überhaupt unmöglich. Von welcher Bedeutung das für die Erkenntnisslehre Spinozas ist, werden wir p. 47 f. Anm. darthun.

satz: mens se ipsam non cognoscit, nisi quatenus corporis affectionum ideas percipit (Eth. II, Prop. XXIII).

Jene Vorstellungen des Körpers sind zunächst unbewusste. Nun aber erkennt der menschliche Geist in Folge der affectiones corporis und ihrer ideae den eigenen Körper als im Unterschied von anderen Körpern, die auf jenen bezüglichen Vorstellungen als im Unterschied von den anderen Ideen. Er wird selbstbewusst. Dies kann aber nur dann geschehen, wenn er von sich wieder eine besondere Idee hat. So folgt aus dem menschlichen Geiste mit nothwendiger Steigerung die Vorstellung seiner selbst, die idea mentis als in der mens humana von den ideae corporis unterschiedene Vorstellungen, als idea ideae corporis. Und zwar sind es drei Gründe, aus denen die idea mentis nothwendig aus dem Wesen des menschlichen Geistes folgt. Nämlich erstens sofern der menschliche Geist ein Modus des göttlichen Denkens ist, welches als der Zusammenhang aller Ideen oder die vollständige (adäquate) Erkenntniss aller Dinge, auch die des menschlichen Geistes, die idea mentis in sich begreifen muss. Sodann zweitens sofern er die Idee eines einzelnen in Wirklichkeit existirenden Dinges, idea rei, ist. Denn da alle Dinge sowohl Körper als Geister sind, so muss es im göttlichen Denken Ideen sowohl des Körpers als des Geistes geben, ideae corporis aber auch ideae mentis. Was aber für alle Dinge gilt, gilt auch für den Menschen und seinen Geist. Endlich drittens muss es eine idea mentis geben für den menschlichen Geist, sofern er die Idee des menschlichen Körpers ist. Denn die Ideen sind Erzeugniss nicht des Körpers, sondern des Geistes, die idea corporis also ebenfalls ein Produkt des Geistes oder idea mentis. Oder mit anderen Worten: der menschliche Geist als idea corporis ist idea mentis weil eine von Geist bewirkte Idee.

Ist nun aber, wie wir ausgeführt haben, der menschliche Geist zugleich die Idee des Körpers, die Idee des Geistes, dann die Idee äusserer Körper und im Unterschiede von diesen die Idee seiner selbst, was folgt daraus für das Wesen desselben?

Er ist weder nur abstractes Selbstbewusstsein, noch auch ein blosses Product oder Attribut des Körpers. Vielmehr ist er beides zugleich: Wirkung der denkenden Natur und idea corporis, und das Schwierige für Spinoza bestand nun darin, das richtige Verhältniss

Beider zu finden. Dazu namentlich musste ihm der Begriff der idea mentis dienen. Erst auf dem Grunde dieser konnte er ausführen, wie der menschliche Geist zugleich bestimmt und bewusst ist. Bestimmt, denn er ist die Idee eines wirklichen Dinges, seines Körpers; bewusst, denn er erkennt sich und andere Dinge und weiss sich selber im Unterschiede von diesen, sein Wesen als Körper und Idee ist zugleich Object seines Geistes. Oder anders ausgedrückt: der menschliche Geist ist seiner Natur nach ein erkennendes Wesen und so nothwendig folgt aus derselben ein bestimmtes Erkennen wie aus der Natur des menschlichen Körpers nothwendig bestimmte Bewegungen folgen [1]).

Eine bestimmte Erkenntniss! Aber welcher Art ist dieselbe? Ist sie eine vollkommene oder eine nur theilweise, eine adäquate oder bloss eine inadäquate? Man wird geneigt sein, sich für letzteres zu entscheiden. Denn eine vollkommene Erkenntniss scheint nur einem Verstande möglich, welcher alle Ideen in sich fasst, den Zusammenhang der Dinge vollkommen begreift. Das war der absolut unendliche Verstand. Der menschliche Geist aber als endlicher und einzelner Modus ist von diesem Ganzen nur ein Theil, ein einzelnes Glied [2]).

---

1) „Nach Spinoza ist die Wahrheit dem menschlichen Geiste von Natur immanent, nur zunächst eingehüllt und verdunkelt durch die inadaequaten (sinnlichen) Ideen. Darum besteht die richtige Erkenntniss bei Spinoza allein in der Aufklärung: Bei ihm corrigirt sich der Verstand aus sich selbst." (K. Fischer: Francis Bacon p. 169 Anm.).

2) Auf die Kritik der klaren Erkenntniss müssen wir am Schluss dieser Abhandlung ausführlich eingehen. Hier sei indess die inadaequate Erkenntniss einer kurzen Prüfung unterzogen. Diese beruht auf den inadaequaten Ideen, welche vorstellen, was wir empfinden. Ihre Bedingung ist also, dass der Körper Empfindungen hat. Gerade das aber ist innerhalb der spinozistischen Prinzipien unmöglich (vgl. p. 45 Anm.). Hier sind die Körper lediglich Modi der Ausdehnung und bestimmt durch motus et quies. Die Ausdehnung ist ihrem Wesen nach nichts anderes als das völlige Gegentheil des Denkens. Es sind demnach ihre Wirkungen ohne Denkfähigkeit, nur bewegungsfähig, sozusagen blosse Maschinen. Nun ist Empfindung ein geistiger Akt, die Perception, das Innewerden eines irgendwie erzeugten Eindrucks auf den Körper. Sind aber die Körper bloss bewegungsfähig und können sie nach der ausdrücklichen Aussage Spinozas infolge des Gegensatzes der Attribute des Denkens und der Ausdehnung gar nichts anders sein, so ist nicht einzusehen, wodurch sie die Fähigkeit der

Doch lassen wir uns nicht irre machen. Die Frage war: welcher Art ist die bestimmte Erkenntniss des menschlichen Geistes? was umfasst sie? Erwägen wir zunächst unsere inadäquate Erkenntniss. Wir erkennen vor allem den eigenen Körper und die Körper ausser uns. Da aber jener ein vielfach complicirtes oder zusammengesetztes Individuum ist, und da die ihn als Ganzes bildenden Körper unmöglich in allen ihren Vermögen in ihm enthalten sein können, so umfasst die idea corporis nicht die vollständigen, sondern nur inadäquate Ideen der Theile des Körpers. Ebenso wie von den Theilen des menschlichen Körpers und den äusseren Körpern hat der menschliche Geist eine nur inadäquate Erkenntniss von seinem Körper und dessen Affectionen (Eth. II, Prop. XXX), vom menschlichen Geiste, von der Dauer des menschlichen Körpers und der Dauer aller einzelnen Dinge ausser uns (Eth. II, Prop. XXX u. XXXI). Als eine in allen diesen Beziehungen inadäquate ist daher die Erkenntniss des menschlichen Geistes nicht die wahre, sondern falsche, irrthümliche. Und zwar ist sie gerade darum eine irrthümliche, weil oder insofern wir uns des Mangels unserer Erkenntniss nicht bewusst sind, sondern die inadäquate für vollkommen und wahr halten. So z. B. hält der Mensch sich für frei, aber irrthümlich, denn er ist sich nur der ihn überall determinirenden Ursachen nicht bewusst. Weiter sind irrthümlich alle jene sog. abstrakten oder allgemeinen Begriffe wie die transcendentalen Termini Sein, Ding, Etwas u. s. f., die Gattungsbegriffe oder notiones universales. Denn alle diese sind die Frucht undeutlicher Vorstellungen, davon, dass sich die Unterschiede der Einzelvorstellungen in unserm Bewusstsein verdunkelt haben. Im genauen Unterscheiden besteht aber gerade das deutliche Vorstellen.

Wie die Gattungsbegriffe irrthümliche Ideen sind, so auch alle Vorstellungen, die auf ihnen beruhen z. B. die der menschlichen Freiheit, welche auf der Idee eines absoluten Willens beruht, kraft dessen wir ebenso gut dieses als jenes wollen können, also auf einem allgemeinen Vermögen, das in Wahrheit nur der abstracte Begriff der

Empfindung erhalten. Ohne diese Fähigkeit aber ist die (inadaequate) Erkenntniss unmöglich. Es widerstreitet also Spinozas Lehre von der inadaequaten Erkenntniss auf's Schärfste seiner dualistischen Attributenlehre.

einzelnen bestimmten Willensacte ist. Denn wirklich ist nur die Begierde des Menschen oder das in jedem Falle besondere, durch bestimmte Ursachen erzeugte Verlangen. Ebenso verhält es sich mit dem Verstand, den man irrthümlich als ein abstractes Vermögen auffasst, während er wirklich ist nur in den einzelnen bestimmten Ideen. Endlich gehören zu diesen irrthümlichen Vorstellungen die Zweckbegriffe oder die teleologische Vorstellungsart und die auf derselben beruhenden Prädikate schön oder hässlich, gut oder schlecht, u. s. w. Von diesen notiones universales sind aber wohl zu unterscheiden die notiones communes oder Gemeinschaftsbegriffe. Jene sind Theilvorstellungen und inadäquat, diese hingegen sind solche, welche die Natur aller Dinge ausdrücken, die Begriffe, welche das gemeinsame Wesen aller Dinge vorstellen. Als solche sind sie adäquat, denn alle Wirklichkeit besteht in der Ordnung und Gemeinschaft der Dinge. Wäre nun der menschliche Geist im Stande, solche adäquate Gemeinschaftsbegriffe zu bilden, so hätte er adäquate Ideen und damit die Möglichkeit einer adäquaten Erkenntniss. Darum ist nun zu untersuchen, ob es etwas giebt, worin alle Dinge übereinstimmen.

Alle Geister stimmen in der Natur des Denkens, alle Körper in der Natur der Ausdehnung, alle Dinge überhaupt darin überein, dass sie Modi derselben Attribute derselben Substanz sind. Ist aber in der Natur der einzelnen Dinge derartiges vorhanden, worin alle Dinge übereinstimmen, so muss auch der menschliche Geist Gemeinschaftsbegriffe haben, müssen unter den Begriffen, welche aus seiner Natur folgen, auch solche sein, welche die gemeinsame Natur der Körper, Geister und aller Dinge überhaupt vorstellen. Und da die notiones communes adäquate Ideen sind, so wird dem menschlichen Geist in dem Masse mehr adäquate Erkenntniss möglich sein, „als sein Körper mit anderen Körpern gemein hat" (Eth. II, Prop. XXXIX Coroll.), oder als notiones communes vorhanden sind (Prop. XXXVIII u. XXXIX). Die wichtigsten derselben sind zunächst diejenigen Begriffe oder Vorstellungen, welche der menschliche Geist als idea corporis von dem bildet, was sein Körper mit allen anderen Körpern gemein hat. Vor Allem gehört hierzu die Idee der Ausdehnung. Denn der menschliche Geist als Idee seines Körpers, also eines ausgedehnten Dinges, muss nothwendig auch die Idee der Ausdehnung in sich schliessen. Sodann die Idee des Denkens. Denn der menschliche Geist ist idea, die Ideen sind Modi des Denkens, das Denken ist das allen Geistern Gemeinsame. Da ferner Denken und Ausdehnung göttliche Attribute sind, so hat der menschliche Geist mit ihnen zugleich die adäquate Idee der Attribute Gottes. Und da jedes Attribut ewige und unendliche Wesenheit ausdrückt, so schliesst die Idee des Attributs zugleich die Idee der ewigen und unendlichen Wesenheit in sich.

Endlich die Idee Gottes. Gott ist die Ursache jedes Dinges und zwar so, dass kein einziges ohne Gott sein oder gedacht werden kann. Nun ist der menschliche Geist die Idee eines wirklichen Dinges. Mit der Idee dieses muss er also zugleich die Idee Gottes begreifen. Und zwar muss, da Gott als das absolut unendliche, eine, untheilbare Wesen nur adäquat oder gar nicht begriffen werden kann, diese Idee Gottes nothwendig eine adäquate, eine solche der ewigen und unendlichen Wesenheit Gottes sein (Eth. II, Prop. XLV—XLVII, XL.).

Der Inbegriff aller adäquaten Ideen ist die ratio, die Vernunft; der der inadäquaten die imaginatio, die Einbildung oder Meinung. Denn diese sind lediglich unklares menschliches Produkt. Bei den adäquaten Ideen sind wieder zwei Stufen der Erkenntniss zu unterscheiden. Die höchste Stufe bilden die Idee Gottes und die Ideen seiner Attribute, denn diese sind intuitive, nicht abgeleitete, sondern ursprüngliche Begriffe und durch sich selbst gewiss und einleuchtend. Als die oberste ist diese Erkenntniss, die scientia intuitiva, höher noch als die Vernunft mit ihren adäquaten Ideen.

Wie wichtig es aber für den Menschen ist, dass er wahre Erkenntniss habe, lässt sich daraus ersehen, dass nur sie den Menschen frei macht, während der Irrthum ihn in Knechtschaft führt. Denn je mächtiger die klaren Ideen in einem Menschen sind, desto mehr ist er kraft der Macht seiner Erkenntniss Herr seiner Leidenschaften, desto ohnmächtiger sind diese in ihm, er also freier. Denn dann erkennt er die einzelnen Dinge nicht bloss in ihrem Fürsichsein, sondern in ihrer Ordnung, ihrem Zusammenhang, ihren vielen bedingenden Ursachen und so schliesslich als Wirkungen Gottes, dieser ersten, einzigen, inneren, freien Ursache aller Dinge.

Weil aber diese Erkenntniss Gottes oder intuitive Einsicht die höchste, klarste und mächtigste aller Erkenntniss und darum die höchste Tugend des Geistes ist, so muss sie auch des Menschen höchstes Ziel sein. Alsdann wird man nicht mehr alles auf das eigene Ich, sondern im Gegentheil alles auf die Idee Gottes beziehen (Eth. V, Prop. XIV) und eben darum klar erkennen. Je klarer aber die Erkenntniss ist, desto grösser ist unsere Macht, je grösser unsere Macht, desto lebhafter unsere Freude, desto stärker unsere Liebe zu dem, welches sie verursachte. Ist nun Gott die Ursache der klarsten, der intuitiven Erkenntniss, ja ist diese ohne Gott absolut unmöglich, so erhellt, dass er Gegenstand unserer innigsten Liebe sein wird, sein muss. Und zwar ist diese Liebe, als aus klarer Erkenntniss, also einer Thätigkeit ohne Leiden entspringend, eine völlig reine, durch irgendwelchen Hass nicht getrübte und nicht trübbare. Denn in Gott sind keine Affecte, ist weder Verstand noch Wille, weder Freude noch Trauer. Darum freilich darf, wer Gott liebt, nicht verlangen, dass Gott ihn wieder liebe.[1]) Doch dafür schliesst diese bewusste Entsagung irgendwelches Entstehen von Eifersucht oder Neid völlig aus. Zugleich ist diese Liebe zu Gott, dieser amor Dei intellectualis,[2]) wie Spinoza sie nennt, weil sie aus der Erkenntniss entspringt, eine erkenntnissvolle ist, ewig. Denn da die intuitive Erkenntniss ewig ist, so muss auch ihre Folge, die Gottesliebe, ewig sein (Eth. V, Prop. XXXIII). Und zwar sie allein (Prop. XXXIV, Cor.). Warum dies beides? Warum zunächst ist nur sie ewig? Denn während die Begehrungsobjecte aller anderen Affecte endliche und darum diese

---

1) Wir erinnern hier an Goethes Ausspruch: „Jenes wunderliche Wort, „wer Gott liebt, muss nicht verlangen, dass Gott ihn wieder liebe," erfüllt mein ganzes Nachdenken. Uneigennützig zu sein in allem, am uneigennützigsten in Liebe und Freundschaft, war meine höchste Lust, meine Maxime, meine Ausübung." [Dichtung und Wahrheit XIV].

2) Es sei doch darauf hingewiesen, dass diese Lehre Spinozas vom amor Dei intellectualis, von der intellectuellen Liebe, mit welcher Gott sich selber liebt, in sich unhaltbar ist. Ihr widerspricht völlig das Wesen Gottes, wie Spinoza es begreift. Denn da dieser Verstand und Wille von sich ausschliesst, wie kann alsdann Gott ein intellectuelles Verhältniss zu sich einnehmen? Da weiter Gott blosse Causalität ohne Affecte ist, wie kann er Liebe hegen? Da drittens Gott unpersönlich, also selbstlos ist, wie kann er sich zu sich in Beziehung setzen, sich selbst lieben?

letzteren selber vergänglich sind, hat sie einzig ein ewiges (Proposition XXXIV, Dem.). Und warum überhaupt ist sie ewig? Einmal weil es nichts in der Natur giebt, was dieser intellectuellen Liebe entgegen ist oder sie aufheben könnte (Prop. XXXVII). Denn sie folgt aus dem Wesen der menschlichen Seele nothwendig, als eine ewige Wahrheit, also muss, was ihr widerspräche, unwahr und falsch sein. Die Wahrheit aber kann nie durch den Irrthum aufgehoben werden. Sodann weil sie ein Theil der unendlichen Liebe ist, womit Gott sich selber liebt (Prop. XXXVI, Dem.).

Auf dieser erkenntnissvollen Gottesliebe, die man wohl als den Cardinalgedanken Spinoza's bezeichnen darf, beruht unsere Seligkeit. Auch dieser Begriff hat von Spinoza sein eigenthümliches Gepräge erhalten.

„Beatitudo in amore erga Deum consistit" schreibt er Prop. XLII Dem. und verweist zurück auf Prop. XXXVI.

„Beatitudo non est virtutis praemium sed ipsa virtus; nec eadem gaudemus, quia libidines coërcemus, sed contra quia eadem gaudemus, ideo libidines coërcere possumus", lautet die XLII. Proposition des fünften Theils, die letzte der Ethik. Die Beherrschung der Begierden, die Tugend, ist also die einfache Folge der Seligkeit, etwa wie nach dem Vorgange des Apostels Paulus die protestantische Dogmatik lehrt, dass die Heiligung die Folge der Rechtfertigung sei. Demnach ist die Seligkeit für Spinoza kein transscendenter Begriff, sondern ein im irdischen Leben sich verwirklichender Zustand. Sollten wir auch für ihn eine biblische Analogie anführen, so müsste es die Weise sein, wie das Johannesevangelium [1]) den Eintritt des ewigen Lebens fasst.

Ueber die Art dieses Zustandes und die Voraussetzungen seiner Verwirklichung handelt ausführlicher Prop. XXXVI. Schol.: ex his (aus der Gleichheit von amor Dei erga homines und mentis erga

---

1) s. Ev. Joh. 5, 24: Wahrlich, wahrlich ich sage euch: Wer mein Wort hört, und glaubt dem, der mich gesandt hat, der hat das ewige Leben, und kommt nicht in das Gericht, sondern er ist vom Tode zum Leben hindurch gedrungen.
Ev. Joh. 17, 3: Das ist aber das ewige Leben, dass sie dich, dass du allein wahrer Gott bist, und, den du gesandt hast, Jesum Christum, erkennen.
vgl. a. Ev. Joh. 11, 25 u. 26.

Deum amor intellectualis) clare intelligimus, qua in re salus nostra seu beatitudo seu libertas consistit, nempe in constanti et aeterno erga Deum amore sive in amore Dei erga homines. Atque hic amor seu beatitudo in sacris codicibus gloria appellatur; nec immerito. Nam sive hic amor ad Deum referatur sive ad mentem recte animi acquiescentia, quae revera a gloria non distinguitur, appellari potest. Nam quatenus ad Deum refertur, est laetitia .... concomitante idea sui, ut et quatenus ad mentem refertur."

Es ist also unsere Seligkeit ein durch die klare und deutliche Erkenntniss, den amor Dei intellectualis, herbeigeführter Zustand der inneren Zufriedenheit, der Freude. Und zwar nicht einer vergänglichen, sondern der ewigen d. h. untrübbaren Freude. Der Charakter der Freude hängt ab von dem Gegenstand, aus dem sie hervorgegangen. Alle auf einzelne, endliche Dinge gerichtete und von solchen verursachte Freude ist vergänglich und durch falsche Affecte (Furcht, Hass, Angst u. s. w.) getrübt. Erst wenn der Mensch von dem oberflächlichen Genuss der Einzeldinge sich erhebt zu dem Streben nach dem wandellosen Zusammenhang der Dinge, nach dem Ewigen selbst, wird seine Freude wandellos wie ihr Object. Erst wenn er eins geworden mit dem göttlichen Wesen, das stets in gleicher Klarheit und Reinheit verharrt, wird auch seine Freude eine reine, eine ewige. Diese Einheit aber erlangt der Mensch durch die intuitive Erkenntniss. Darum kann sie allein ewige Freude gewähren, und es ist, wie die vergängliche Freude ein glücklicher aber flüchtiger Augenblick war in der Zeit, die ewige die über die Zeit erhabene Gegenwart der klaren Erkenntniss. Alsdann erregt mich nicht mehr dieses oder jenes einzelne Ding in Lust oder Trauer oder Erbitterung. Es ist stille geworden in meinem begehrlichen Innern. Denn erreicht habe ich auf dem mühsamen Weg der Erkenntniss die höchste Stufe menschlicher Vollkommenheit, die Fähigkeit: non lugere, non ridere, neque detestari, sed intelligere. Erkannt hat der Mensch die Causalkette der Dinge, die ewige Nothwendigkeit, erkannt das Wesen Gottes, erkannt die eigene Bedeutung und Natur mit ihren Affecten, und mit dieser klaren Erkenntniss überkommt ihn die erhabene Resignation des Weisen, die in der Welt nichts mehr fürchtet, und nichts erhofft, und darum eine ewige Freude genannt werden kann.

Man wird sich erinnern und aus dem eben Gesagten bereits erkannt haben, wie eng mit diesem Begriff der Unsterblichkeitsbegriff verschwistert ist.

Spinoza hat denn auch diese beiden Begriffe zugleich im fünften Theile seiner Ethik erläutert. Indem er sich diesen Betrachtungen zuwendet, bemerkt er Prop. XX, Schol.: „Damit habe ich alles erledigt, was das gegenwärtige Leben betrifft..... Es ist daher nun Zeit, zu dem überzugehen, was die Dauer des Geistes ohne Beziehung auf den Körper betrifft." Und Prop. XLI, Dem. erfahren wir auch den Grund, wesshalb Spinoza erst jetzt diesem Punkte sich zuwendet. Es ist derselbe, der so viele unserer modernen Ethiker und Dogmatiker — gerade auch der Unsterblichkeitsgläubigen — zu gleichem Verfahren in ihren Systemen bewogen hat:

„Um das zu bestimmen, was die Vernunft als nützlich vorschreibt, haben wir auf die Ewigkeit des Geistes, die wir erst in diesem fünften Theile kennen gelernt haben, keine Rücksicht genommen. Obgleich wir also damals noch nicht wussten, dass der Geist ewig ist (mentem esse aeternam), haben wir doch das als das Höchste geschätzt, was, wie gezeigt, zur Seelenstärke und zum Edelsinn gehört. Wenn wir also dieselbe auch jetzt nicht wüssten, so würden wir doch die Vorschriften der Vernunft für die höchsten halten."

Spinoza scheint uns in diesen Worten nicht die Werthlosigkeit der Unsterblichkeit, die er ja, wenn auch in seiner Weise, gerade hier lehren will, als vielmehr den absoluten Werth der Tugend haben aussprechen wollen, und der ordinären Auffassung entgegentreten, als sei das Gute und die Religion eine Last, und nur darum zu erfüllen, weil es dereinst belohnt bezw. bestraft werde (Proposition XLI, Schol.).

Wenden wir uns nun mit dem Philosophen seiner Unsterblichkeitslehre zu.

Das innerste Wesen der Seele besteht in der Erkenntniss (Eth. V, Prop. XXXVI, XXXVIII). Zwar ist auch sie, entsprechend dem Körper, dessen Idee sie ist, ein complicirtes Ding, schliesst sehr viele Ideen in sich. Aber das, was ihren Kern ausmacht, sind nicht die äusseren, einzelnen Vorstellungen, ist auch nicht die idea mentis, ist nicht die idea corporis, ist nicht mens, quatenus agit. (Prop. XLII,

Dem.), sondern mens, quatenus intelligit (Prop. XLI, Schol.). Doch auch dieser nur in dem Maasse, als er klar und deutlich, also in der dritten und höchsten Erkenntnissart, erkennt. Die einzelnen Ideen alle sind endliche Modi des göttlichen Denkens, die klare Erkenntniss dagegen ist ein ewiger Modus des Denkens (Prop. XL, Schol.), ein Theil des intellectus Dei aeternus et infinitus, welch' letzterer eben in der endlosen Kette jener besteht, „ein Accord in der Harmonie des Ganzen", [1]) ist das göttliche Denken im Menschen. Soweit sie reicht, ein Menschengeist ihr gleichkommt, soweit darum ist er ewig, während in allem Anderen er untergeht, vergänglich ist. Sie ist im Menschengeist das Ewige, das nach Goethe's Wort sich fort regt in allen, und in diesem Sinn unterscheidet Spinoza den Geist, quatenus sine relatione ad corporis existentiam consideratur (Prop. XL, Schol.). Und zwar ist sie ewig, weil sie eine nothwendige Folge Gottes (Eth. I, Prop. XXI), eine Folge aus der absoluten Natur eines Attributs Gottes und zugleich ein Theil Gottes ist, sofern Erkenntniss und Liebe zu Gott identisch sind, diese letztere aber ein Theil der unendlichen Liebe Gottes zu sich selbst ist; [und weil der Geist nur solange der Körper dauert, leidet d. h. den Affecten unterworfen ist (Prop. XXXIV)]. Daher ist sie ohne Anfang, daher ohne Ende (Prop. XXXI, Schol.). Daher aber auch ohne menschlich-persönliche Individualität, denn sie ist ja das Ewige. Ohne Vorstellung ist sie, denn Vorstellungen sind nur möglich, solange der Körper dauert und der Geist leidet (Prop. XXI, Dem.). Ohne Gedächtniss (Prop. XXI) oder Erinnerung, weder daran, dass wir vor dem Körper existirt haben (Prop. XXIII, Schol.), noch nach dem Tode daran, was wir vordem gewesen (Prop. XXXIV, Schol.). Sonst würde ja die Ewigkeit mit der Dauer vermengt (Prop. XXXIV, Schol.; XXIX, Dem.).

Fortwährender Veränderung ist der Menschengeist unterworfen (Prop. XXXIX Schol.) [2]). Dies richtet sich nach dem Körper, zu dem

---

1) s. K. Fischer a. a. O. p. 530.
2) „Weil die menschlichen Körper zu sehr vielem befähigt sind, so unterliegt es keinem Zweifel, dass sie von solcher Natur sein können, dass sie zu Geistern gehören, welche von sich und von Gott eine grosse Erkenntniss haben, und deren grösster oder hauptsächlichster Theil ewig ist, und zwar dermassen, dass sie den Tod kaum fürchten. Damit aber dies klarer verstanden werde, muss

er gehört. Seine Theile werden durch Bewegung und Ruhe in ihrem Verhältniss zu einander bestimmt und so die Gestalt des Körpers verbessert oder zerstört (Eth. IV, Prop. XXXIX). Dann stirbt der Körper, wenn seine Theile so bestimmt werden, dass sie ein andres Verhältniss von Bewegung und Ruhe zu einander annehmen. Das braucht, „wie die Erfahrung lehrt", keineswegs erst dann einzutreten, wenn er sich in einen Leichnam verwandelt, kann vielmehr bereits stattfinden, während der Blutumlauf und Anderes noch dauert, weswegen Jemand für lebend gehalten wird, und zwar dadurch, dass der menschliche Körper in eine andere, von seiner durchaus verschiedene Natur verwandelt wird (Eth. IV, Prop. XXXIX Schol.). Es ist also für den Körper Sterben nur Sichverändern, die Theile wechseln.

Nun steht der Geist mit seinem Körper in völligem Identitätsverhältniss. Mit ihm verwandelt auch er sich. Ein anderer ist er bei einem Kinde, ein anderer bei einem Erwachsenen, ein anderer bei einem Schwächlichen, ein anderer bei einem Gesunden (V Prop. XXXIX Schol.). Je mehr der Körper geschickt ist zu Vielem, fähig auf viele Weise erregt zu werden, desto fähiger wird der Geist gemacht zum

---

hier darauf aufmerksam gemacht werden, dass wir in beständiger Veränderung leben, und dass wir, je nachdem wir uns zum Besseren oder Schlechteren verwandeln, glücklich oder unglücklich heissen. Denn wenn ein Kind oder ein Knabe eine Leiche wird, so heisst das unglücklich; umgekehrt wird es zum Glück gerechnet, wenn wir unsere ganze Lebenszeit mit gesundem Geist in gesundem Körper verleben konnten. Und wirklich, wer wie ein Kind oder ein Knabe einen zu sehr wenigem befähigten und meistens von äusseren Ursachen abhängigen Körper hat, der hat einen Geist, welcher, für sich allein betrachtet, fast gar kein Bewusstsein von sich, noch von Gott, oder von den Dingen hat. Umgekehrt, wer einen zu sehr vielem befähigten Körper hat, der hat einen Geist, welcher, für sich allein betrachtet, viel Bewusstsein von sich wie von Gott und von den Dingen hat. In diesem Leben also streben wir vor allem dahin, dass sich der Körper des Kindes, soweit es seine Natur zulässt und soweit es ihm zuträglich ist, in einen andern verwandle, der zu sehr vielem befähigt ist, und der zu einem Geist gehört, der sehr viel Bewusstsein von sich, von Gott und von den Dingen hat; und zwar so, dass alles, was zu seiner Erinnerung oder seiner Vorstellung gehört, im Verhältniss zur Erkenntniss, kaum von Erheblichkeit ist." [„In hac vita igitur apprime conamur, ut corpus infantiae in aliud, quantum eius natura patitur eique conducit, mutetur, quod ad plurima aptum sit, quodque ad mentem referatur, quae sui et Dei et rerum plurimum sit conscia; atque ita ut id omne, quod ad ipsius memoriam vel imaginationem refertur, in respectu ad intellectum vix alicujus sit momenti, ut in schol. prop. praeced. iam dixi."]

Erkennen (Eth. IV, Prop. XXXVIII Dem.; V Prop. XXXIX.) Denn da er alles, was im menschlichen Körper geschieht, erfassen muss, muss er um so befähigter sein, Vieles zu erfassen, auf je mehrere Weisen sein Körper disponirt werden kann (Eth. II, Prop. XIV). In demselben Masse wird er zugleich fähiger, die Körpererregungen ihrer Ordnung dem Verstande gemäss zu ordnen und zu verknüpfen und, da nichts ohne Gott sein noch begriffen werden kann, sie sub specie aeternitatis [1]) und in ihrem Zusammenhang mit Gott, und so endlich Gott selbst immer besser zu erkennen (Eth. V, Prop. XXX, XXIX, XXIV.).

Je mehr aber Jemand sich und seine Affecte klar und deutlich und den Zusammenhang mit Gott erkennt, desto mehr empfindet er Lust verbunden mit der Idee Gottes und desto mehr darum liebt er Gott (Prop. XV). So erzeugt die klare und deutliche Erkenntniss zugleich die Liebe zu dem, was unveränderlich und ewig ist und was wir wahrhaft besitzen können, die Liebe Gottes. Diese kann darum nicht von den Fehlern getrübt werden, mit welchen die gemeine Liebe behaftet ist, sondern kann vielmehr, entsprechend dem Mass und der Erkenntniss der Affecte des Körpers immer stärker und stärker werden, den grössten Theil des Geistes einnehmen und ihn gänzlich durchdringen (Eth V Prop. XX Schol.) [2]). Weil aber diese intellectuelle Liebe zu Gott, die aus der dritten Erkenntnissart entspringt, ewig ist, so muss auch der Geist, dessen grössten Theil sie ausmacht, in diesem Masse ewig sein (Prop. XXXIX). Nun wissen wir bereits [3]), dass es dem Menschengeist natürlich und nothwendig ist, von der schlechteren zur besseren Erkenntniss sich zu wenden. Fragt man daher, ob und durch welchen Antrieb der Menschengeist fähig sei, klare Erkenntniss zu erlangen und sich zu verewigen, so ist zu antworten: durch seine Naturanlage. Der mächtigste und allgemeinste Trieb im Menschen ist der nach Lebenserhaltung und Lebensvollendung. Es braucht dem Körper nicht erst befohlen zu werden, gute

---

1) vgl. Eth. II, Prop. XLV; V, Prop. XXIX; V, Prop. XXX.
2) Deinde [clara et distincta cognitio] amorem gignit erga rem immutabilem et aeternam et cujus revera sumus compotes et propterea nullis vitiis, quae in communii amore insunt, inquinari, sed qui semper major ac major esse potest et mentis maximam partem occupare lateque afficere."
3) vgl. a. Eth. V Prop. XXVIII.

Speise zu sich zu nehmen, seine Natur verlangt es von sich aus, sobald sie die gesunde erkannt hat. So treibt der Lebenstrieb, nicht auf fremden Befehl, sondern von sich aus, nothwendig, den Geist zu völligerem Erkennen, um Ewigkeit zu gewinnen, sobald er weiss, dass nur auf diesem Wege jenes Ziel zu erreichen ist. Es ist ein Wort Rückerts:

> „In Jedem lebt ein Bild, dess, was er werden soll,
> Solang er das nicht ist, Ist nicht sein Friede voll."

Spinoza würde, dem zustimmend erklären: Dies Bild ist der Weise, erfüllt vom amor Dei intellectualis oder von der cognitio aeternae essentiae, und du erlangst es, und damit subjective Unsterblichkeit, auf dem steilen, „höchst schwierigen" Wege der Erkenntniss. Sie bildet die Unruhe in unserer Lebensuhr, aber die uns emportreibt zum Heile und zur Selbstverewigung (Eth. V, Prop. XLII Schol.).

Aber allerdings nicht überall ist diese Feder gleich gut, auch kann sie rosten und zu Grunde gehen. Nicht alle Menschen sind „mit Ewigkeit begabt"[1]), oder vermögen in gleicher Weise die Vollkommenheit in sich zu verwirklichen. Schwächlich und unvermögend ist der Geist Vieler (Eth. V, Prop. XLII Schol.). Doch wie nur ein Thor deshalb, weil er weiss, dass er seinen Leib nicht für alle Ewigkeit mit guten Nahrungsmitteln erhalten kann, sich lieber mit Giften und tötlichen Stoffen kann sättigen wollen, so widersinnig wäre es, wenn Jemand, weil er sieht, dass der Geist nicht ewig und unsterblich ist, lieber aberwitzig sein und ohne Vernunft leben wollte (Prop. XLI Schol.). Immerhin ersieht man auch daraus den grossen Unterschied zwischen dem Wissenden und dem Unwissenden, zwischen dem in sich ewigen Weisen und dem Erkenntnisslosen, nur durch die Begierde getriebenen Menschen. „Denn die Menschen ohne Erkenntniss lassen sich von äusseren Ursachen auf vielerlei Weise hin und her bewegen, und kommen nie zu wahrer Seelenruhe; im Uebrigen leben

---

1) s. p. 34.
2) vgl. p. 30 das Gleichniss von den Fischen.
3) Man wird bei dieser Ausführung unwillkürlich an Platons Phaedon erinnert, namentlich die Worte in Cap. 62: „Darum ziemt es sich denn, alles zu thun, um im Leben der Tugend und Einsicht theilhaftig zu werden, denn schön ist der Preis und die Hoffnung gross."

sie ihrer selbst. Gottes und der Welt gleichsam unbewusst in den Tag hinein, und der letzte Augenblick ihres Leidens ist auch der letzte ihres Daseins; wogegen der Weise als solcher von keiner Leidenschaft bewegt wird, sondern in der Erkenntniss seiner selbst, Gottes und der Welt gleichsam eine ewige Nothwendigkeit erfüllt und darum selbst ewig ist, im Genusse beständiger Seelenruhe" (Prop. XLII Schol.).

So haben wir beides erkannt, die subjective und die objective Seite von Spinozas Unsterblichkeitslehre. Das objective Element derselben bildet die Erkenntniss. Sie ist ewig. Und weil das Wesen unseres Geistes in der Erkenntniss allein besteht, deren Prinzip und Fundament Gott ist (Eth. I, Prop. XV; II Prop. XLVII Schol.), so wird uns damit klar, einmal, auf welche Weise und in welcher Hinsicht unser Geist nach seinem Wesen und seiner Existenz aus der Natur Gottes folgt und fortwährend von Gott abhängt (Eth. V, Prop. XXXVI Schol.), und zweitens, dass, soweit ein Geist der klaren Erkenntniss gleichkommt, er selber ewig ist (Eth. V, Prop. XXXI Schol.). Denn alsdann — und das ist die subjective Seite der Unterblichkeit — wird er durch keine endlichen Vorstellungen, selbst nicht die Todesfurcht (Eth. V, Prop. XXXVII), mehr beunruhigt. Er begreift die Dinge nicht mehr bloss als mit Beziehung auf eine bestimmte Zeit und einen bestimmten Raum (Eth. V, Prop. XXIX Schol.). Vielmehr[1]), indem er vermöge der klaren Erkenntniss die Dinge sub specie aeternitatis schaut, sie als in Gott enthalten und aus der Nothwendigkeit der göttlichen Natur folgend erkennt (Eth. V, Prop. XXIX Schol.), statt in ihrer Einheit[2]) sie in ihrem Wesen begreift, sofern sie durch das Wesen Gottes als reale Wesen begriffen werden, oder sofern sie durch das Wesen Gottes die Existenz in sich schliessen (Eth. V, Prob. XXX Dem.), gewinnt er die höchste Befriedigung des Geistes, die es geben kann (Eth. V, Prop. XXVII), und mit ihr die ewige intellectuelle Liebe Gottes

Fürwahr gilt es daher, dass das, was mit dem Körper untergeht, vom menschlichen Geiste, nämlich das Leidende, die Vorstellung

---

1) vgl. Goethe: Ital. Reise: „Die Gestalt dieser Welt vergeht; ich möchte mich nur mit dem beschäftigen, was bleibende Verhältnisse sind und so nach der Lehre des † † † (Spinoza) meinem Geiste erst die Ewigkeit verschaffen."
2) vgl. Eth. V, Prop. XXXVI, Schol. i. f.

(imaginatio Eth. V, Prop. XL Coroll.) und das Gedächtniss (Eth V, Prop. XXI) oder das, was die wirkliche Existenz des Körpers in sich schliesst (Eth. V, Prop. XXIII Schol., also gerade das nach der gewöhnlichen Ansicht Individuelle, Persönliche. Denn wenn wir auch häufig hier in der Ethik z. B. V Prop. XXXIX Schol. vom klar erkennenden Geiste den Ausdruck lesen, dass er nun erst auch ein richtiges Bewusstsein von sich hat, so ist damit gemeint, dass er, wie die anderen Erkenntnisobjecte, so auch sich selbst sub specie aeternitatis und in seinem Zusammenhang mit Gott oder seinem Wesen nach erkennt), im Verhältniss zu dem, was fortdauert, nämlich dem intellectus per quem solum nos agere dicimur (Eth. V Prop. XL Cor.) oder mens quatenus corporis essentiam sub aeternitatis specie involvit (Eth. V, Prop. XXIII Schol., concipit Prop. XXXI Schol.), von keiner Erheblichkeit ist (Eth. V, Prop. XXXVIII Schol., Prop. XL Cor.).[1]

Man könnte sich wundern, wie Spinoza in demselben Augenblick, da er die persönliche Unsterblichkeit bestreitet, solches sagen mag. Aber es ist diese ganze Lehre doch nur die einfache, logische Consequenz seiner philosophischen Principien, seines Systems. Und musste nicht einem Manne wie Spinoza, der das Wesen des Menschen, des Geistes, allein im Denken erkannte, und in der intellectuellen Vereinigung mit Gott seine Seligkeit, seines Strebens Ziel erfand, diese Art Unsterblichkeit als Ewigkeit des intellectus und friedevolle cognitio aeternae essentiae, die vollwerthige, die denkbar höchste erscheinen? Auch hat er ja die Kraft dieser Ueberzeugung sowohl ein ernstes Menschenleben lang, als in der letzten Probe, welche der Tod von uns fordert, bewährt.[2]

Indessen es erheben sich gewichtigere Bedenken gegen Spinozas Unsterblichkeitslehre. Und zwar ergeben sie sich aus dem System

---

[1] „Ewig ist nur das Ganze, ewig ist im Ganzen die Ordnung der Dinge, welche begriffen ist in der Ordnung der Ideen: diese Erkenntniss ist ewig, denn sie ist eine nothwendige Folge Gottes. Darum ist mein Geist ewig, soweit er dieser Erkenntniss gleichkommt, dagegen in allem Anderen vergänglich" (K. Fischer a. a. O. p. 529).

[2] „Eine Empfindung war Spinoza ganz fremd: die Todesfurcht, dieser grösste Feind der menschlichen Seelenruhe." — „Still und ruhig, wie er gelebt hat, war sein Ende, frei von allen Schrecken und aller Furcht des Todes."
(K. Fischer: Baruch Spinoza's Leben und Character.)

selbst. Die Unsterblichkeit beruht nach Spinoza auf der klaren Erkenntniss. Mit dieser darum steht und fällt sie. Ist denn aber eine klare Erkenntniss überhaupt möglich? Spinoza bejaht diese Frage in der bereits dargelegten Weise. Hat er nun Recht damit? Kann wirklich der Mensch eine solche Erhenntniss erlangen? Bei unbefangener Prüfung der Gedanken Spinozas und seines Systems — wir erinnern zugleich an das bereits p. 45, 47 f., 51 in den Anmerkungen Gesagte — werden wir dies verneinen müssen.

Unsere klare Erkenntniss vollendet sich in der Erkenntniss Gottes. Der Mensch kann also Gott denkend erkennen, oder Gott ist Objekt der menschlichen Erkenntniss. Nun lehrt Spinoza ausdrücklich, dass Gott die erste und einzige Ursache aller Dinge und das vollkommen unendliche und unbeschränkte Wesen ist. Jedes Begreifen desselben aber durch den menschlichen Geist setzt Gott als Gegenstand eines einzelnen Dinges und als eingefasst in den Verstand eines endlichen, bedingten, beschränkten Wesens, hebt also die Absolutheit Gottes auf. Schon F. H. Jakobi hat darum dargethan — er freilich in seinem specifisch religiösen Interesse — dass, da Gott unbedingt ist, es keine rationale Erkenntniss Gottes geben könne, vielmehr führe diese zum Atheismus; Gott begreifen heisse Gott verneinen.

Doch das ist nicht das Einzige, weshalb wir sagen müssen, dass aus dem Wesen Gottes unmöglich die Erkenntniss Gottes folgen könne. Ausdrücklich auch hat Spinoza von Gott gelehrt, dass sein Wesen so begriffen werden müsse, dass weder Verstand noch Wille zu seiner Natur gehören. Also schliesst Gottes Wesen den Intellect von sich aus. Erkenntniss aber ist nur möglich durch den Intellect. Ist keiner in der Natur Gottes, so kann auch keine Erkenntniss aus Gott folgen.

Es streitet sonach die Möglichkeit der klaren Erkenntniss durchaus mit der Natur Gottes oder der Substanz. Und wie verhält sie sich gegenüber dem Menschen? so werden wir weiter fragen müssen, denn Spinoza sagt auch: es folgt die Erkenntniss Gottes aus dem menschlichen Geiste.

Nun ist aber, wie der Mensch überhaupt, so sein Geist ja gar nichts Anderes als ein blosser Modus Gottes, eine einzelne zufällige, endliche Wirkung desselben, und ein winziges Glied des grossen Causalzusammenhangs. Und ein solcher Modus sollte fähig sein, Gottes Wesen und Walten denkend zu erkennen, das so völlig Endliche und Bedingte sollte als Subject das absolut Unendliche und Unbedingte als Object seiner Erkenntniss zu setzen vermögen? Offenbar befindet sich auch hier die Lehre Spinoza's in Widerspruch mit sich selbst. So wie er die Natur des menschlichen Geistes begreift, ist eine klare Erkentniss dem Menschen unmöglich. Nicht bloss die Natur Gottes oder der Substanz, auch die Natur des Menschen oder des Modus, wie Spinoza sie lehrt, streitet wider die Möglichkeit der klaren Erkenntniss.

Bleibt noch der intellectus infinitus. Kann durch diesen die Erkenntniss Gottes stattfinden? Wieder bejaht dies Spinoza, wieder müssen wir es verneinen. Denn der unendliche Verstand ist nur der Inbegriff aller Modi, das Ganze dessen einzelne Theile diese sind. Ist nun diesen die Erkenntniss unmöglich, so kann auch durch ihren Inbegriff keine stattfinden. Offenbar aber muss, was vom menschlichen Geiste gilt, ebenso von allen anderen Modis gelten.

Es ist also die klare Erkenntniss innerhalb der Ordnung der Dinge, wie Spinoza sie begreift, völlig unmöglich. Denn sie widerstreitet hier der Natur der Substanz, der Natur der Modi und dem Wesen des intellectus infinitus. Ist aber die klare Erkenntniss unmöglich, so ist mit ihr auch Spinoza's Unsterblichkeitslehre hinfällig geworden.

Die klare Erkenntniss ist die Bedingung der Unsterblichkeit. Soweit ein Menschengeist jener gleichkommt, soweit ist er ewig. In besonderem Masse gilt das vom Weisen. Seine klare Erkenntniss ist das göttliche Denken in ihm. Nun aber ist, wie wir eben gezeigt, die klare Erkenntniss im System Spinoza's unmöglich nach allen drei Seiten hin. Weder durch Gott kann sie stattfinden, noch durch den unendlichen Verstand, noch durch den menschlichen Geist. Auch der Geist des Weisen ist doch nur ein einzelner, verursachter Modus. Wie sollte er, ein blosses Glied im Causalnexus des Denkens, sich loszulösen vermögen von der Kette, in die er verflochten ist, das göttliche Denken in sich aufnehmen und durch die klare Erkenntniss des Causalzusammenhangs und seiner ewigen Ursache d. i. Gottes sich verewigen können? Wäre ihm das möglich, so dürfte er weder bloss ein Glied der Causalkette sein, noch lediglich ein einzelner endlicher Modus, mithin gerade nicht das, was Spinoza über die Natur des menschlichen Geistes uns lehrt.[1])

V. Schluss.

In der Anzeige von Lavaters Aussichten in die Ewigkeit bemerkt einmal Goethe: „Es war immer so und natürlich, dass der nach Ewigkeit Hungernde und Dürstende solche Speisen sich droben in Phantasie bereitete, die seinem Gaumen hier angenehm waren, sein Magen hier vertragen konnte. Der weiche Orientale bepolstert sein Paradies um wohlgeschmückte Tische. — Der brave Norde überschaut vom Asgard in den Tiefen des Himmels unermesslichen Kampfplatz und ruht dann, sein Glas Bier mit Heldenmuth auszechend, neben Vater Odin auf der Bank. Und der gelehrte, denkende Theolog und Weltkündiger hofft dort eine Akademie, durch unendliche Experimente, ewiges Forschen sein Wissen zu vermehren, seine Erkenntniss zu erweitern."

Auch Spinoza's Unsterblichkeitslehre ist solch' ein Reflex des innersten Wesens ihres Autors. Wegen ihrer inneren Unmöglichkeit eine Illusion, unhaltbar wie das System, von dem sie eine Blüthe bildet, wird die Unsterblichkeitslehre Spinoza's doch dem Unbefangenen stets als die bewunderungswürdige Idee eines religiös ergriffenen und tief denkenden Philosophen erscheinen, der die dogmatische Entwicklungsform der rationalistischen Richtung der neueren Philosophie auf's Schärfste und Folgerichtigste ausgebildet hat.

---

1) vgl. K. Fischer a. a. O. p. 530 ff.

Curriculum vitae.

Geboren wurde ich, Paul Christian Ewald Matthes, am 27ten August 1865 in Eisenach als Sohn des jetzt in Weimar wohnhaften Geh. Medicinalrath Dr. Matthes und seiner Ehefrau Pauline geb. Sonntag. Bis Ostern 1884 besuchte ich das Gymnasium zu Eisenach. Darauf studirte ich Theologie auf den Universitäten Jena und Strassburg. Ostern 1888 bestand ich die erste theologische Prüfung in Weimar, Ostern 1889 die zweite. Das Sommer-Halbjahr 1888 verlebte ich in Lausanne. September 1888 wurde ich in Farnroda bei Eisenach als Pfarrverweser, Juli 1889 als Pfarrer angestellt. Seit October 1891 befinde ich mich auf Urlaub in Heidelberg. Hier habe ich namentlich besucht die Vorlesungen der Herren Geh. Rath Kuno Fischer Excellenz, Geh. Hofrath Erdmannsdörffer, Kirchenrath Holsten.